生き残るヤツの頭の働かせ方

20年間無敗の雀鬼が明かした本質洞察力

桜井章一

アスコム
BOOKS

まえがき

弱者が人生の本当の勝負で勝つ方法

世の中がどうもおかしな方向に向かっているようだ。

平成10年に日本の自殺者が3万人を超えて以来、3万人の大台を割った年はない(平成21年末現在)。この数に自殺未遂者は含まれていないから、実際に自殺を試みた人の数は計り知れない。

自殺の動機はさまざまだろうが、人生への絶望感、社会への閉塞感などは共通している。はっきり言えば「社会が病《や》んでいるのだ」と思う。さまざまな重圧に押しつぶされ、心を正常な状態に保てなくなっているのだ。

私は、その最も大きな原因は「勝たなければならない」という強迫観念だと考える。「勝たないとたいへんなことになる」と思い、多くの人が必死になって勝とうともがいている。そして、どうしても勝てないとわかったときに、絶望感や閉塞感を覚えてしまう。

だが、「勝つ」とはどういうことなのか。「負ける」とはどういうことなのか。そもそも勝ち負けをつけるような戦いをする必要があるのか。それにはっきりとした答えを出して戦いに挑んでいる人がどのくらいいるのだろう。

「勝つ」とは「会社で出世すること」「金持ちになること」「社会で認められること」……そんなふうに捉えている人がいかに多いことか。だが、そんなものは勝ちでもなんでもない。

こんな、**誰かが勝手に決めた基準で勝ち負けを判断している限り、絶対に勝つことはできない**。なぜなら、その誰かが自分に有利なように勝手に決めた土俵で戦うことになるからだ。権力者とか、権威者が作り上げた自分に都合のいいシステムの中では、どうあがいたって、一般人は圧倒的弱者なのだ。そんなところで勝てるわけがないし、「勝った」「負けた」と一喜一憂している様こそが、権力者や権威者の思うつぼなのだ。

では、我々圧倒的弱者はどうすればいいのか。簡単なことだ。**勝ち負けの基準を、他人や社会に合わせるのではなく、自分自身の中とか自然の中などに置けばいい。**

「そんなことができれば苦労はしない」などと言う人がいたら、すっかり社会に洗脳されていると言える。

本書はその洗脳を解くためのきっかけになってくれればとの思いで書いたと言っても過言ではない。圧倒的弱者のための本当の意味での兵法書になりうれば幸いだ。

ただし、ここで一つ、釘をさしておかなければならない。それは、私がここに書いたことはあくまでも**読者へのヒントにすぎない**ということだ。

私はこれまで何冊もの本を出し、おかげさまで好評を得ているようだ。読者のみなさんが共感してくれる何かがあるのだろう。しかし、同時に心配なのは、「読者が私の本に書かれた内容をまるっきり鵜呑《うの》みにし、自分の考えを持たなくなってしまうのではないか」ということだ。

世の中には何でも、既製品とオーダーメイドとがある。当然だが、既製品は価格が安く、オーダーメイドは高い。既製品よりもオーダーメイドのほうが価値があるからだ。本来、既製品などというものはどこにもなかった。すべてのものはオーダーメイドだった。既製品が登場したのは、大量生産、大量消費の時代になってからの話だ。一度にたくさん作れて便利だ（だから儲かる）という理由だけで出てきたものだ。同時にたくさん作れる分、価値が低いのだ。

読者であるあなたには、既製品にはなってほしくない。人間はやはり、**一人ひとりがオーダーメイドであるべきだ**。人に作られた自分では本当の自分にはなれない。

本を読んで、影響を受けるのはいい。それを自分の中で消化して、オーダーメイドの材料にするのはいいことだ。だが、そのまま鵜呑みにして、もの真似をして生きているのでは、既製品の人間になってしまう。

「二番煎《せん》じ」という言葉がある。お茶は最初に煎《い》れたものが一番おいしくて、二番目、三番目はだんだん薄くなったり、渋みが出たりしておいしくない。私は本の中に自分の一番煎じを抽出《ちゅうしゅつ》したつもりだが、読者に届く段階ではすでに二番煎じになってしまっている。それをもう一度、オリジナルな形で煎れ直して、あなた自身の一番煎じにしてほしいのだ。

どんなに偉い人が言ったことでも、それがたとえキリストであろうと、お釈迦様であろうと、人に伝わる段階でオリジナルではなくなってしまう。その人の発言は一番煎じであっても、それを聞いた人たちは二番煎じ、三番煎じを飲んでいることになる。

いろいろな本を読んで、知識をいっぱい詰め込んで、でも結局は全部二番煎じ、三番煎じの話ばかりという、自称知識人が世の中には溢れかえっている。例として引っ張ってくるのならいいが、それをあたかも自分のオリジナルの考えであるかのように吹聴《ふいちょう》するのは問題だ。そういう人に騙《だま》されないようにするには、あるいは自分がそういう人にならないようにするには、常に**自分の中でオリジナルを作り出す**のだという意識を忘れないことだ。

オリジナルとかオーダーメイドは、別に難しいことではない。どんな人にもその人なりの持ち味というものがある。例えば、「愚かさ」だって持ち味だ。それでもいいのだ。「愚かさ」が生み出す天然の笑いにはすばらしいものがある。作り物の笑いとはまったく異質な、周りの人まで楽しい気持ちにしてくれるすばらしさだ。意地とか、教養とか、プライドなどに邪魔されていない、本物の笑いがある。

世間の基準では「愚かさ」はよくないとされるのかもしれない。しかし、必ずしもそうではないのだ。そう考えられれば、オリジナルは誰にだって作れる。

繰り返すが、既製品や二番煎じに陥る危険性は、私の本であっても例外ではない。本書も、あくまでもあなたがオリジナルを作るための部品であることを忘れないでほしい。

本書があなたの閉塞感を払拭《ふっしょく》し、オリジナルを完成させる手助けになり、本当の勝負とは何かを知るためのきっかけになってくれたらと願っている。

２０１０年４月

桜井章一

もくじ

まえがき　弱者が人生の本当の勝負で勝つ方法……3

第1章　勝った負けたという生き方からおさらばしよう

勝つとは奪うことである……16
スタートは、相手をつぶさないと決めること……19
弱さを認めたからこそ人類は生き延びられた……21
目標を立てればいいというものではない……23
悪いことを躊躇なくできる勇気を持て……27
善意が敷き詰められた先に悪意が潜んでいる……30
親の高級志向が、人を見下す子どもを作る……32
ずるい人間のほうが成功をつかめるようにできている……35
勝った負けたよりもはるかに大事なこと……37

非力な私が大きな相手を一発で倒せる理由……41
技術ではない、自然から学べ……44
恐怖を克服するには恐怖の正体を知ればいい……46
檻から出て、自分で餌を取りに行け……48
「悪」と戦う勇気を持て……51

第2章 豊かになったのに、どうして幸せになれないのか

豊かになって、自我が膨れ上がってしまった……56
文句や注文が多すぎる……59
泣くのは、不安で仕方がないから……62
社会に合わせると、どんどん嫌な大人になっていく……65
かたいもの同士がぶつかるから大ケガをする……67
社会や組織がよくならないのは誰の責任か……69
豊かな家庭ほど親子の触れ合いがなくなっている……72

「常識」に頼るほど危なっかしいことはない……75
柔軟に誠実に生きるための三つのキーワード……79
「裏切り」ではない、「変化」である……82
エネルギーがマイナスに働くと狂気が生まれる……85
真面目も不真面目も両方とも否定する……88
心と体の緊張を解きほぐすには……91
脳だけが進化すると人類は滅亡する……94
失敗者から学んだほうが、真実はよく見える……97

第3章 「悪」のパワーをコントロールする方法

意地悪はコントロールできるくらいの小ささがいい……102
誰かのせいにしたくなったら、天気と同じと考えたらいい……105
恨みや憎しみをパワーの源にしてはいけない……107
成功者は、奴隷のように人を使うから成功できる……109

気づきが増えれば悪事が減らせる……111

第4章 何が起こってもブレない生き方

権威者が作った「基準」に合わせるな……116
神も仏も権威である……119
専門家の言うことなど、まったくあてにならない……122
権威なんてクソ食らえ……125
プライドを捨て、根っこの誇りを大切にする……129
指導者は潮が満ち引くように導くのがいい……132

第5章 やわらかく生きれば、人生の答えが手に入る

勝ち負けは勝負の外にある……136
負けても、別のところで勝てばいい……139

苦しい人生こそ価値があるなんて馬鹿げている……143
幸せとは一日がずっと楽しいこと……146
つらいこと苦しいことを楽しいものに変える方法……149
弱みを全部さらけ出せば、もう怖いものはない……153
捨てたからこそ、大きなことを成し遂げられる……156
迷ったときはすでに敗けている……160
「感動」とは、感じたらすぐに動くこと……163
人生はぐるぐる回りながら進んでいく……168
自分勝手な人間が勝負に勝てるはずがない……171
山の頂上を目指すより根本に戻ったほうがいい……174
真の「信頼」とは、言葉で伝えられるものではない……176
本当に大切なものはつかめない……180
本当の意味で強い人になろう……183
強く生きるとは、心から感謝の気持ちを持つこと……186

第1章

勝った負けたという生き方からおさらばしよう

勝つとは奪うことである

多くの人が「勝ちたい」という。勝つことが正義だと思っている。そして、強いものが勝つとも思っている。

でも、本当にそうなのか。

人間には欲がある。とにかく何かを得ようとする。誰かが何かを得ようとすれば、どうしても奪い合いになる。奪い合いになれば、そこに勝ち負けが生じる。**奪ったほうが勝ちで、奪われたほうが負けだ**。勝負の本質はここにある。

だとすれば、勝つことは正しいことなのか。勝つことは正義なのか。勝った人はいい人、すばらしい人なのか。

そうではない。**勝つとは奪うこと**、つまり勝者とは強奪者《ごうだつしゃ》のことだ。奪うものがいれば、奪われるものがいる。勝つことが善だなどとはとても言えない。強盗が善で、被害者が悪だなんて言えるはずがない。

だからといって、弱いままでいいということではない。それでは奪われっぱなしになってしまう。弱いよりも強いほうがいい。ただし、その強さとは、奪いに行くための強さではなく、**奪いに来た敵から自分や周りのものを守るための強さ**だ。家族や子ども、周りの人たちを守るための強さを持っていないと、ただ奪われるばかりになってしまう。

しかし、残念なことに人間は力を持つとすぐに奪いに行きたくなる。本質的に弱いからだ。すぐに、自分のテリトリーを広げたくなってしまう。

人類の歴史は奪い合いの歴史だ。

最近は歴史ブームなどと言われて、戦国時代の武将たちがもてはやされている。織田信長、豊臣秀吉、徳川家康あたりは歴史的に勝ち組に入るだろう。こうした勝ち組の戦国武将にビジネス論や組織論を学べ、なんていう本まで出ている。

でも、彼らはただ力でうまく奪っただけの人たちだ。別に偉くもなんともない。力を持ったから奪いに行った。力があったからうまく奪えた。そういうことだ。それを後世の人が勝者だと言って崇《あが》めているだけだ。

まあ、ビジネスマンたちがこうした武将に関する本を読むというのはわかる。自分も彼らのように奪いたい、彼らのやり方を学べば奪えるかもしれないと思うからだろう。

私から言わせれば、ちょっと病んではいないかと思ってしまう。そんなに奪うことがいいことなのだろうか。そんなに奪う必要があるのだろうか。

強さは守ることにだけ使えばいいし、守るためだけに強くなればいい。本当の強さとは、奪わない強さのことなのだ。

スタートは、相手をつぶさないと決めること

力を持つと、奪うだけでなく、人をつぶしにかかるという人もいる。しかし、**人につぶされないためには、まず自分が人をつぶしに行かない**ことが第一だ。「戦うな」という意味ではない。自分の言い分を主張することと、相手をつぶしに行くこととは違う。

「何があっても自分は他人をつぶしに行かないよ」という人には、次第に誰もつぶしに行かなくなる。

人間には恐怖心というものがある。他人をつぶしにかかる最大の理由もこの恐怖心だ。「先につぶしておかないと自分がつぶされるかもしれない」という恐怖心である。

「つぶしに行かない」という姿勢は、この恐怖心を取り除くことになる。やがて相手は「こいつをつぶしても何の利益にもならない」と気づく。

人間は恐怖心というものを最も嫌う。

あなたが大事にしているものを他人が「ちょうだい」と言っても、普通なら「嫌だよ」と言えるだろう。だが、「くれなきゃ、命を取るぞ」と言われれば「どうぞ、欲しいものを全部持っていってください」となる。恐怖は人を支配する。

その恐怖を取り除いてやれば、つぶそうとする人も変わってくる。

つぶしにかかってくる相手に対して、つぶしで真っ向勝負に出ると、そこはもう泥沼のつぶし合いになる。こっそりつぶしにかかっても、相手もそれはわかるので、やはりつぶし合いになる。

つぶそうとする人は、相手がつぶそうと思っているとつけ込みやすくなる。詐欺師が人につけ込むのと似ている。

詐欺師は人の欲望につけ込む。騙される側に欲望がなければ詐欺には遭《あ》わない。「これ、儲かりますよ」とか「これを買わないと地獄に落ちますよ」なんて言われても、「別に儲けたいなんて欲はないもん」とか「天国に行きたいなんていう欲はないもん」と言われてしまえばそれまでだ。詐欺師は「儲けたい」「地獄に落ちたくない」という欲につけ込むからこそ騙せる。

つぶしも同じ。こっちに人をつぶそうという気持ちがなければ、つぶされない。他人をどうこうしようとしても難しい。だが、自分はつぶしにいかないというのは誰でもできる。どうしたって、そこから始めるしかないのだ。

弱さを認めたからこそ人類は生き延びられた

人間は弱い。個体の話ではなく、人類全体の話だ。

走るのが速いわけではないし、鋭い牙を持っているわけでもないし、体も大きくない。たいして力も強くないのに、獲物を獲るには素手で戦わなければならない――そういう弱い生物として人類は誕生したわけだ。

そんな弱い生き物が弱肉強食の生存競争の中で生き残るためにどうしたか。弱さを補うために、道具を使うことを覚えたのだ。火の使用なども道具のうちと言っていいだろう。言葉を使ったコミュニケーションなども道具と言えそうだ。

人間は万物《ばんぶつ》の霊長《れいちょう》なんて言っているが、別に特別進化した生物というわけではない。むしろ弱い生き物だ。それを、偉そうに特別扱いしようとするからおかしなことになる。自然からどんどん切り離されていく。

人間は、まず自分たちは非常に弱い生き物なんだということを思い出し、それを認めた上で、そこからいろいろな物事を捉えていく必要がある。

弱い人間たちがしたことは、道具の使用だけではなかった。彼らは集団を作った。そして、その集団のテリトリーを広げたいという気持ちを持った。

狩猟範囲を広げたい、田畑を広げたい、獲物や収穫物を広げたい、富を広げたい、国を広げたい……。現代でも、会社を広げたい、市場シェアを広げたいと必死になっている。これらは決して強さから生まれたものではない。弱さを埋めたくて出てきたものなのだ。

でも、みんな、こういう弱さを認めようとしない。**本当の強さというのは、こうした根源的な弱さを認められるかどうか**ではないだろうか。まず、自分たちが弱いことを認めよう。すべてはそこからはじまるのだ。

目標を立てればいいというものではない

よく、弱い自分を変えるためには、「常に目標を立てて、それに向かって突き進め」みたいなアドバイスをする人がいる。個人的にアドバイスをするならまだしも、本を出版して不特定多数にアドバイスしてしまうから厄介だ。

私は、**「目標を立てるべきか、そうでないかは人それぞれ」**と考えている。

目標を立てることでいい方向に向かうという人もいれば、目標を立てたらたいへんなことになる人もいるのだ。

あるいは、同じ人でも、目標を立てるべき時期と立てるべきではない時期がある。なんでもかんでも、目標を立ててそれに向かえばいいというのは、ちょっと乱暴すぎる。

これも一概には言えないのだが、何でもコツコツ取り組むようなタイプの人は目標を持ってもいいだろう。その一方、不器用で猪突猛進型の人は危険な場合がある。また、真面目すぎるタイプも危険だ。

猪突猛進型は、目標を立てたとたんにそれしか見えなくなり、何がなんでもその目標を達成しようとして、やってはいけないようなことにまで手を染めてしまう危険性がある。例えば、彼女がほしいといつも言っているような猪突猛進型の男が「彼女を作る」なんて目標を立てたら、性犯罪者にだってなりかねない。

　例が極端すぎると思うかもしれないが、そういう危なっかしい人を実際に私は何人も見てきている。こっそり忍び込むか、無理やりの優しさで入り込んでいくかはともかく、好きな女性の部屋に入り込んで、性犯罪をして目標達成をしたと思い込んでしまいそうな人間が何人もいたのだ。そんな男に「目標を立てろ」なんて言ったら、たいへんなことになる。


　ついでに言ってしまうと、こういうタイプの人間は、案外、恵まれた家庭で育った人が多い。それまでは何不自由なく育って、手に入れられないもの、買うことができないものなんてほとんどなかったのに、あるとき、人の心はどうしたって買うことができないと知る。それが耐えられなくて爆発し、犯罪へと走ってしまう。

　もう一つの、真面目すぎるタイプというのは、目標につぶされてしまうような人だ。高い目標を掲げるものの、なかなか近づくことすらできなくて、目標に近づけないことにプレッシャーを感じてしまい、そのストレスに押しつぶされてしまう。自分が立てた目標なのだし、そもそも目標なんて、いつどんなふうに変えようと自由なのに、自分が立てた目標に自分自身が縛られて、身動きが取れなくなってしまうのだ。

こんなふうに、人によって目標を立てるべきかどうかはさまざまなのに、十把《じっぱ》ひとからげにアドバイスしてしまうのは、結局、そういう本が売れるから、つまりアドバイスで儲けたいからだ。

さらには、読者のほうがそんなふうに尻を叩かれたいと望んでいるということもある。自分探しの旅に出るなんて、ふにゃふにゃした連中が増えていて、そういう連中の尻を叩くと儲かるわけだ。占い師とか霊媒師みたいなのが儲けているのも似たような現象だろう。

自分の軸さえしっかりしていれば、自分探しなんて必要ない。いや、旅になんか出たって、自分が見つかるわけがない。**自分は自分の中にしかないのだから**、旅に出ている暇があったら、自分を観察したほうがまだましだ。あるいは、**自然と自分の関係をよく観察したらいい**のだ。

悪いことを躊躇なくできる勇気を持て

ある出版社の編集者が取材でやってきた。この編集者をちょっと試してみようということと、具体的に例を示して理解してほしいと思ったので、近くにいた道場生を呼んでこう言った。

「おおい、Tくん。この編集者さん、言うことがつまらないんだよ。ちょっと頭をひっぱたいてあげて」

道場生のTくんは、何の戸惑いも見せずに編集者に近づいて行って、「もうちょっと、おもしろくお願いします」と言い、編集者の頭をパンと叩いて去っていった。

そして、私はこの編集者にこう言った。

「どうだい。これが壁を乗り越えているってことだよ。彼は乗り越えている。彼は相手が総理大臣でも、ボクシングの世界チャンピオンでも同じことをやったはずだ。もし、あなたが常識とかプライドに凝り固まった人だったら、彼にあるいは私に怒りを覚えるだろう。でも、あなたにユーモアとか遊び心があったら、『あいつ、なかなかやるな』という感覚になるはずだ。そこに人間性が現れてくる」

まあ、編集者は仕事だから我慢しているということもあるかもしれないが、怒らなかったのだから、遊び心のある人だったのだろう。

Tくんの話に戻れば、彼は行動する勇気という壁を乗り越えている。強いのだ。

彼もまさか突然私に呼ばれて、見ず知らずの私のお客の頭を殴れなんて言われるとはまったく思いもしていなかったはずだ。それなのに、躊躇《ちゅうちょ》なく叩いた。知らない人の頭を殴るなんて悪いことに決まっている。**その悪いことを、私の指示とはいえ躊**

躊躇なくできるというのが、壁を乗り越えているということなのだ。

もしこれを躊躇するようだと、正しいことでも躊躇してしまうのだ。例えば、電車の中でお年寄りに席を譲ることを躊躇してしまったりする。普通は、お年寄りに席を譲ることは正しいことであり、やさしさであると教わる。だから、席を譲るのは正しいことだとみな知っている。だが、これでは実際の場面で躊躇してしまうことがあるのだ。正しいことでも行動するには勇気が伴うからだ。

相手が知らない人や、自分の行動に対するリアクションが予想できない場合でも、まず真っ先に行動を起こせる勇気を教えなければいけない。この勇気という壁を越えさせるには、先ほどのような**悪いことから壁の乗り越え方を教える**ほうが実は有効なことが多いのだ。

マイナスのことができる勇気を教えて、それをプラスのことにも応用していく。そうするとプラスのことが案外簡単にできたりするものなのだ。

それを、プラスのことを先に教えてしまうから、躊躇してしまって体が動かない。

あるいはとにかく正しいことやいいことだけをして、自己満足だけに浸《ひた》ってしまうようになる。

悪いことをどんどん教えろという意味ではない。悪いことができる勇気を教えることにも大きな意味があるということだ。

善意が敷き詰められた先に悪意が潜んでいる

悪いことから壁を乗り越えることがある反面、いいことに見せかけた悪意というものもあるので注意が必要だ。

正しそうに見える「にんじん」を目の前にぶら下げて、追いかけさせる。善意の石を敷き詰めた先に悪意が潜んでいるということがあるのだ。

例えば、テレビをつければどのチャンネルでも必ずやっている通信販売。

「さあ、このカメラ。こんなすばらしい機能がついて、たったの3万円」

「それだけじゃありませんよ。今回は、この三脚までつけちゃいます」

「さらに、このプリンターまでつけて、お値段そのまま3万円」

こんなふうに、どんどん相手が得をするような気持ちにさせる。一見、善意に見えるが、とにかく買わせよう、儲けようということだけだ。

宗教とか、セミナーなんていうのも同じだ。

「あなたはこの壺を買うことで幸運をつかむことができます」

「あなたの成功はこのセミナーを受けることで約束されます」

こんな言葉にも善意に見せかけた悪意が潜んでいる。善意に見せかけて、相手を引き付け、そして陥《おとしい》れる。

善意の衣《ころも》を着た悪意が、世の中には溢れている。先ほどの詐欺師の話と同じで、人の欲とか弱みにつけ込んでくる。そのことはよくよく肝《きも》に銘《めい》じておかなければならない。

親の高級志向が、人を見下す子どもを作る

やくざは悪いことばかりする困りものだが、ある意味わかりやすい。これとは逆に、**いいことばかりやろうとするのは危ない。**「いいこと病」にかかっている。「いいこと病」の何が危ないかと言うと、本当にいいことではなく、世間で言われているいいことばかりをやろうとすることだ。ステータスの高いことを目指したり、ブランド志向もそうだ。

あるいは、あえて世間で高級だと言われているようなことを趣味にするなんていうのもある。本人は「いい趣味」だと思っているのだろうし、またそれを自慢したりしてしまう。そういう人を親に持つと、子どもは自分で気がつかないうちに、他人を見下すようになってしまうのだ。

私の知っている人に、言葉に必ず「はっ」とつけてしまう癖の人がいる。本人はまったくそんなつもりはないのだが、普通に聞くと、人を見下すときに言う言葉に聞こえてしまう。

「はっ、よくそんなバカバカしいことができるねぇ」なんていうときに使う「はっ」と同じに聞こえるわけだ。

ただ、彼の「はっ」はそういう場面ではなく、「桜井さん、はっ」というように、別にバカにしているわけではない局面でも、出てしまうのだ。

私はある確信があったので、彼にこう聞いてみた。

「君のお父さんの趣味は何だい？」

すると彼はこう答えた。

「クラシック音楽と純文学です」

やはり。私の思った通りだった。彼のお父さんは、自分は高級な趣味を持っていると思っていて、そしてそれを自慢しているのだ。

高級だなんて思ってやっているから、どうしても他人を見下すようになってしまう。それは当然のように、子どもにも移ってしまう。子どもは、自分では見下すつもりはないのに、思わず見下すような言葉が出てきてしまう。親の態度が身についてしまっているからだ。

自分ではそんなつもりはないのに、相手は見下されたと思うから嫌がられる。彼は道場（道場とは、麻雀道場「牌の音」のこと。下北沢や町田などに道場がある。「雀鬼会」とともに麻雀を通して人としての道を後進に指導する場になっている）にも出入りしていて、道場生がそのことについてすぐに突っ込んであげるから大丈夫なのだが、もし似たような人がいて彼にとっての道場生のような仲間がいなかったとしたら、周りの人たちからはじき出されて、友達もいないような人になってしまう可能性が高い。

別にクラシックや純文学が悪いと言っているのではない。心の底からクラシックが大好きだとか、純文学を読んでいると楽しくて仕方がないというのであればまったくかまわない。そういう人は、決して人を見下したりはしないからだ。

だが、人を見下す、あるいは見下すようなしぐさが自然と出てしまう人がいたとき、その原因に親の趣味の問題がありうるということだ。

本人はいいことばかりやっているつもりかもしれないが、知らぬ間にさまざまなところに悪い影響が出る。クラシックも純文学もいいが、そこに麻雀を趣味に加えていれば、きっと人を見下すこともなく、子どもたちも健全に育ち、人に疎《うと》まれることもなかっただろうにと思ってしまうのだ。

ずるい人間のほうが成功をつかめるようにできている

いわゆる成功というやつを手に入れるためには、ちょっと意地悪、ちょっとずるい

ほうが、うまくいく確率が高い。

麻雀でも、世間の麻雀はちょっと意地悪なほうが勝つ確率が高い。スポーツだって同じだ。サッカーでは、たいしたことがなくてもわざと倒れて、痛いふりをしてフリーキックをもらおうとする。野球だって、バッターが打ちづらい球ばかり投げるピッチャーがいいピッチャーだと言われる。本来なら、ど真ん中に投げて、それでも打ち取れるピッチャーが一番すごいに決まっている。でも、そんな球を投げる人はいない。それでは勝つ確率が低くなるからだ。

私が思うに、この**意地悪さ、ずるさというのは、どこかの時代に人間の遺伝子の中に組み込まれてしまった**のではないか。あるいは、宗教とか、農耕とか、そういった文化、文明と根が同じものかもしれないが、いずれにしても、どこかの時代に人間の奥深い部分に浸透してしまった。

人間同士にはぶつかり合いがどうしても発生してしまうわけだが、このとき、**意地悪とかずるさというのが武器になる**。そんな武器を使って勝ったとか、成功したなんて言っているような人間を賞賛したり、憧れたり、目指したりすること自体がおかしい。みんなそれに薄々気づいているのかもしれないが、なぜか大っぴらには言わない。

意地悪については別の章で対処法まで含めて述べるので、ここでは少し違った角度から勝負について見てみたい。

勝った負けたよりもはるかに大事なこと

うちの道場には、麻雀の全国大会というものがある。一応、勝負がつくのだが、大会が終わったとたんに、みんな誰が勝ったかなんてすっかり忘れてしまう。毎年、終わったあとは、参加した人全員が喜んでいる。実際には「勝った、負けた」はあるのだが、そんなことはどうでもよくなってしまうのだ。

我々は一般的に、学校とか社会で、成績がいいほうが評価されるのを見てきている。

学力なら試験の点数が高いほうがいい、スポーツなら記録が上のほうがいいとか、チームの勝利数が多いほうがいいとされる。それが当然だと思うだろう。

しかし、うちの道場の全国大会では、麻雀の点数の評価は一番低い。四つの項目があるのだが、点数は4番目の評価なのだ。

最も評価が高いのは、**いかにきれいに打つか。心も行動もいかにきれいに表現できたか**を、私が会長評価点として評価する。

次の評価は、**4人の作り出すきれいさ**。麻雀は4人で打つものなので、その4人のきれいさが評価の対象となる。4人が織り成すハーモニーとでも言えようか。一人ひとりの楽器の音色はきれいでも、4人集まったときにうまく噛み合っていなければ、この項目の評価は低くなる。

三つ目は、**存在感**。能力は関係ない。そこにいるという存在感を見せられるかどうかが評価される。

この三つのあとに、試合なので仕方がないから点数もつける。ただ、試合の点数はその程度の評価にすぎない。だから、みんな、まず最初に動作を練習する。きれいな体の動きができるかどうかを必死で練習するのだ。

多くの人は、まずは心を磨くのがいいと思うかもしれない。しかし、心はどうにかなる。「心をきれいにして打て」と言えば、きれいにできるものだ。

それに対して、体の動き、動作のほうは練習なしではどうにもならない。普段の生活習慣の中で作ってしまった体の動きの醜さ、今のような便利な世の中で作ってしまった不自然な動作がどうしても出てしまう。心をきれいにして打っても、体に染み付いてしまった動きはなかなか直らないのだ。

例えば、麻雀牌《ぱい》を扱うときに肘《ひじ》をたくさん動かしてしまう人がいる。無駄な力が入りすぎているからだ。肘は動かす必要がない。肘を動かすと、どうしても肩まで動いてしまう。余計な力があちこちに連動して、さらに無駄な力を生み出してしまう。

無駄な力を入れずに、動いて動かない、あるいは動かずして動く、そんな感覚で打てるのが最もきれいな打ち方なのだ。

よく、「私は麻雀のプロだ」などと言って、ツモるとき（牌《はい》を自分の手元に引いてくるとき）に牌を思い切りつかんで持ってくる人がいる。それを見た瞬間、「ああ、この人は弱い」とわかる。隙だらけなのだ。牌を強く握ったって、牌が変わるわけではない。ただ、相手に隙を見せるだけだ。

体の動きには流れというものがある。力を抜いているからこそ、次の動きにスムーズに流れる。牌だけではない。**体の動きすべてが流れるように動かせるか。それは、日常の生活の中で培《つちか》うしかない**。だから、日頃の体の動かし方がものすごく大切になってくる。考え方とか気持ちを変える前に、まずは体を正直にさせることが一番なのだ。

私は、気持ちというのは体の一部であると考えている。心というのも、体のどこかにあるものだ。心臓なのか、脳なのか、神経なのか、それは知らない。だが、体の中のどこかにあるのは間違いない。愛とか、優しさなんてものも、体の中から出てくるものだ。だったら、まずは体を自然な動きにすることが先決だ。体の動きが不自然なのに、精神力だとか、愛だとか言ったって始まらない。

人間がもっと自然に近くて、自然と同居していた時代には、人々の体の動きはもっと自然なものだっただろう。豊かさとか、便利さを追求した人類は、その代償として不自然な体の動きを手に入れた。その不自然な体の動きによって、心も気持ちも不自然なものになってしまった。それで隙ができる。自分からどんどん弱くなっているようなものだ。

体の自然な動き。読者諸氏も日頃から気にしてほしいものである。

非力な私が大きな相手を一発で倒せる理由《ワケ》

自然な動きを妨《さまた》げる無駄な力は、たいてい力《りき》みとか、過剰な意識から生まれる。こうしなくちゃ、ああしなくちゃという意識が力みとなって、自然な動きを奪い、ぎこちなくしてしまう。特に、世間の目とか、常識なんていうものを意識してしまうと、がんじがらめになって、それらの奴隷《どれい》になってしまう。

意識そのものを取り除くことはできない。それこそ、意識を失ってしまう。誰にでも、どうやってもあるものだ。

問題は、その意識にとらわれてしまうかどうかだ。とらわれなければいい。自分で意識をコントロールできれば、とらわれることはない。過剰な意識にとらわれると自然でなくなる。これは、本来の自分からもかけ離れてしまうことを意味する。

私は、合気道のような武術の経験はまったくないのだが、倒れないように頑張っている人の意識をずらすことで、その人をすっと倒してしまうことができる。できる限り、相手を倒そうという意識にとらわれないようにして、倒すような気配を消してしまう。完全に消し去った瞬間に、ぱっと倒す。すると、相手は予測していない状態からいきなり倒されてしまう。

倒すぞ、倒すぞという意識を相手に感じ取られてしまうと、相手は身構えてしまうので、なかなか倒すことができないのだが、その意識を捨てて自然な動きから急に倒してしまうと、相手は簡単に倒れる。身構えたり、踏ん張ったりする暇《いとま》もなく倒れる。強い力もいらない。むしろ、力なんてほとんどいらないほどだ。

まあ、言葉にしてしまうと、**「倒そうと思わない状態から一気に倒す」**ということになるのだが、実際にやるのは簡単ではない。

相手が「倒されるだろう」と思って力を入れているうちは、うまく倒れない。相手もこちらを意識しているからだ。相手の意識が自分と同化する瞬間を待って倒す。こうなると、相手の体重などは関係ない。100キロだろうが、200キロだろうが、重さを感じなくなる。

自分の力み、相手の力みがあるうちは倒れない。**力みが抜けて、動きが自然になると簡単に倒れてしまう。**

力が強いだけが強さではない。意識にとらわれず、無駄な力を抜くと、自分でも驚くようなことが可能になるという一例である。

技術ではない、自然から学べ

私が自然な動きで相手を倒すことができるのは、ある意味、合気道など格闘技の技術を習っていないからだ。習っていたら、その技術に固執し、その技術以上のことはできなかったに違いない。ところが、その技術がないから、感覚でできる。この感覚というのが実は強さの秘密だったりする。

私はあるとき、水の中の魚とか、風に飛ばされている枯れた葉っぱなどを見て、「あれは**感覚の動き**をしているな」と気がついた。技術とか、理屈とかじゃない、感覚の動きというのがある。**魚や葉っぱはそれができている。だったら、彼らの真似を**

しようと思った。

私は彼らと遊びたかったのだ。魚と遊びたかった。風や葉っぱと遊びたかった。彼らに近づくには、その感覚の動きで近づかないとダメだった。

魚は私が近づくとすぐに逃げた。風で飛ばされる葉っぱはつかまえようとすると飛んでいった。魚に触りたい。風に揺れる葉っぱに触りたい。

そう考えて彼らの動きを学ぶうちに、やがて魚に逃げられない動きが身についてきた。風の流れが読めるようになってきた。これはスポーツとか、武術とか、そういうものとはまったく違うものだ。

自然な動きは自然から学ぶ。これが最良の近道なのだ。

恐怖を克服するには恐怖の正体を知ればいい

人間には恐怖心というものがついてまわる。ただ、そのほとんどは、自分が勝手に作り出したものだったり、あるいは必要以上に膨らませすぎている。**たいして怖くもないものを、自分で勝手に怖いものと思って恐れてしまう**のだ。

怖い怖いと思っていても、いざ対面してみると、案外、たいしたことがなかったというほうがほとんどなのだ。

クラーク博士は札幌農学校（現・北海道大学）で「少年よ大志を抱け」と言ったそうだが、要するに大きな夢を抱けということだろう。夢とか希望はいいことだという価値観を多くの人が持っているから、それを大きく膨らませるのは当然いいことだということになる。

実は、恐怖とか幻想、妄想なんていうものも、夢や希望と同じようにどんどん膨らんでいってしまうものなのだ。本当は怖くもなんともないことなのに、夢や希望のように、自分でどんどん恐怖を膨らませてしまう。

だから、「祟《たた》りに遭わないように、この壺を買いなさい」なんていう詐欺に騙されたり、「この神様を信じないと地獄に落ちる」なんていう勧誘に引っかかるわけだ。

私はちょっと変わっているようで、この**恐怖心というやつが楽しくて仕方がない**。恐怖心がないわけではない。恐怖心を覚えたとたんにその恐怖心と自らが一体化してしまう。それが楽しい。

もし、お化けや幽霊なんていうものがいたら、虫取りみたいに捕まえにいくことだろう。恐怖もあるが、それがあるからむしろわくわくしてしまうのだ。

お化けも幽霊も、結局は人間が作ったものだってわかっているから、必要以上の恐怖を感じないということもある。おそらく、人間が洞穴《ほらあな》に住んでいた時代、誰もお化けなんて怖がらなかったことだろう。なぜなら、どこにもいなかったからだ。もちろん、祟りなんてなかったに違いない。だから、壺もいらない。

地獄も極楽も人間が作ったものだ。だから、地獄に落ちるのなんて怖くもなんともない。

こうしたものに、人工的なにおいを感じとる力を養う必要がある。ずるい人、意地悪な人は、人の弱さにつけ込んでくる。人の恐怖につけ込んでくる。でも、その**恐怖の源はほとんどが自分自身の中から起こっている**ことを知っていれば、そのずるい攻撃を防ぐことができるのだ。

檻から出て、自分で餌を取りに行け

最近はお化けよりも経済的な要因から、会社をリストラされるのではないかという恐怖、あるいは失業による今後の生活への不安といったものを抱えている人が増えているという。

また、会社にいて、会社の言う通りに働いても、将来への展望が何も見えないことへの不安なんてのもあるという。まあ、こんなのは贅沢《ぜいたく》な悩みということになるのかもしれないが、本人にとっては大きな問題なのだろう。

もし本当にこれらのことで悩んでいるのであれば、**独立して、自分で商売をやりなさい**と言いたい。少なくとも、**リストラされたりする前に、それだけの力を身につけておくようにすべきだ。**

力をつけるなんて言うと難しく聞こえるかもしれないが、別にたいしたことではない。**今やっている仕事で独立開業するにはどうすればいいかを常に考えながら仕事をすればいい**だけだ。

営業の仕事なら営業のプロとして独立すればいいし、経理なら経理のプロ、物流なら物流のプロ、設計なら設計のプロになればいい。その仕事をしていて、実際に独立開業した人がいれば、その人をお手本にできるだろう。

もちろん、今の仕事じゃなく、ほかにやりたい仕事があるというならそれでもいい。ケーキ屋を開くのが夢だったというのならやればいいのだ。そのほうが絶対に楽しいはずだ。

こういう考えを持っておけば、別に会社をクビになったって痛くもかゆくもない。「ああ、独立するときがきたな」と思うだけだ。恐怖心なんか抱いている暇があったら、独立するときのために力を養っておくほうがいいに決まっている。

会社に雇われるということは、ある程度の**安全、安定を得ることと引き換えに、自分の身を売っている**わけだ。毎月、給料は振り込まれるし、年金とか福利厚生も手厚い。そういう生活の保証とか安心や安全と、自分の身を管理されることとを交換している。

最近の人たちは、自分という核がないために、管理されるほうが楽だなんて考える人も増えているが、自分の身を売っているわけだから、**自由はない**と知っていたほうがいい。

本人は自由に生きているつもりかもしれないが、実はしっかりと囲まれた檻《おり》の中で家畜のように管理され、給料という名のわずかばかりの餌をもらって生きているのだ。そんな状況で、本当に自由な発想なんて出てくるはずもない。檻に閉じ込められていれば、その中で人間関係がギクシャクするのも当然だ。

会社に文句を言うなら、**いつでも辞められる力を養っておくべきだ**。それは、**檻から出ても自分で餌を確保できる力**ということだ。人は本来、檻で暮らしてはいない。檻から出た状態が普通であるはずだ。

「悪」と戦う勇気を持て

会社の中での人間関係に悩んでいるという人には、**まずは戦えと言いたい**。「上司が意地悪だ」「同僚が意地悪だ」と言うなら、ではあなたはそれに対して、どう対処したのか。あなたが正しくて、相手が間違っていると確信できるなら、戦うべきだ。

ところが、多くの場合、自分は戦うことをしないで、誰かに相談して、その相談者に代わりに戦ってもらおうなんていう考えだったりする。それで解決できるはずがないではないか。自分がいい子ぶって、理不尽《りふじん》な指示にも従ってしまったために、相手が余計につけあがってくるということも多い。

もちろん、相手を殴れとかけんかをしろと言っているのではない。おかしいことには「おかしい」と声をあげる勇気を持ってほしいということだ。

そういう意地悪な上司がいるような組織は、間違いなく、**その組織の長に責任がある**。本来は、そのようなおかしなことに対して「おかしい」と叫べるような素地を、上の人間が組織に作っておかなければいけない。そして、そこには、組織としての上下は関係ない。当然、年齢も関係ない。誰でも「おかしい」と声をあげられる組織でなければいけない。

年齢とかキャリアなんてやつほど当てにならないものはない。歳をとったら、人間、みなすばらしい人になっていくのか、というと、そうではない。歳をとっても悪いやつはいるし、若い人でもいい人はたくさんいる。若い頃はいい人だったのに、歳を重ねるたびに悪くなっていくという、いわゆる「晩節を汚《けが》す」人も少なくない。

麻雀でも、よく「麻雀歴50年」なんていう人を見るが、汚い麻雀をして周りに迷惑ばかりかけてしまう人が多い。自分勝手で、とにかく自分さえ上がればいいという麻雀を打つ。麻雀というのは、上がったり振り込んだりするゲームなのだ。勝ちたい、上がりたいだけでは成り立たない。

天気には晴れもあれば、雨もある。自然というのはそういうふうにできている。片方だけでは困る。晴れだけでも、雨だけでも、生き物は生きていけないのだ。**自然の**

恵みというのは、得たり失ったりするところにあるものなのだから。

取ったら勝ちだ、取られたら負けだという感覚だけで生きている人間が多すぎる。おそらく学校教育の弊害だろうと思う。点数をつけて、できたかできないかを基準にする。努力すれば到達できると教える。だが、本当は努力しても到達できないことが世の中にはたくさんある。むしろそれこそが本物であって、努力すれば身につくなんて言っているうちは、まだまだ偽物《にせもの》なのだ。

戦う話に戻そう。地位の上下や年齢は関係ない。あなたが正しいと思ったことを否定されたのなら、戦う意味がある。それでも理不尽な行動や不正がやまないのなら、管理されることを辞める選択肢を意識してもいいのではないだろうか。あなたには、その力が備わっているはずなのだから。

第2章

豊かになったのに、どうして幸せになれないのか

豊かになって、自我が膨れ上がってしまった

人間の歴史というのは、豊かさを求めて必死に頑張ってきた歴史だと言えるかもしれない。食糧が現在ほど豊富でない時代には、餓死しないためにも飢《う》えを満たし豊かさを求める必要があった。

そして、人間は豊かさを手に入れた。日本で言えば、戦後の高度経済成長期を経て、所得は倍増し、世の中、物で溢れかえるようになった。人々は餓死どころか、食べられるものを平気でぽんぽんと捨ててしまうようになってしまった。

こういう状態を豊かさと呼ぶのかどうかは、ここでは置いておく。とにかく、豊かさを求めて、物が溢れる世の中になったということだ。

豊かさという言葉は、普通はいい意味で使われる。

物が豊かになる。豊かな生活を送る。豊かな心を育《はぐく》む。

すべて、量が多くなるか、大きくなるという意味に使われているが、ここには基本的にマイナスのイメージはついてこない。

しかし、豊かになるということは、実はいいことが増幅されるだけでなく、**悪の部分、凶の部分も同時に増幅されてしまっている**ことを忘れてはならない。

私が特に問題だと思うのは、**人間の自我が大きく膨れ上がってしまった**ということだ。

自我は誰にでもある。赤ん坊でも9カ月ぐらいになると自我が目覚め始め、2歳ぐらいまでには自分の好きなことと嫌いなことを主張できるようになる。

自我があるのは人間として当たり前のことだ。なくなってしまっては困る。だが、それがあまりにも豊かに（大きく）なりすぎてしまうと、自分の都合や自分の尺度だけで物事を捉えるようになってしまう。自分勝手というやつだ。

人間関係がうまくいかないという悩みには、実はこの自我が大きくなりすぎたということが関係しているのではないかと思っている。

人間関係に関する悩みの原因はさまざまだが、細かな原因を見るのではなく、もっと根っこの部分で捉えてみる必要がある。すると、思った通りのことを相手がしてくれなかったり、期待した言動を相手がとってくれなかったりしたときに、悩みが発生すると考えられる。自分はこうしたいのにさせてくれないという悩みも、**相手は自分にこうさせてくれるはずだという期待を裏切られたことから生まれてくる**。

たいした期待をかけていなければ裏切られてもたいしたことはない。だが、大いなる期待をかけてしまうと、裏切られたときの痛手も大きなものになる。

では、他人への期待とはどこから出てくるのか。それがまさに、自我なのだ。

自我が大きくなりすぎると、相手への注文も大きくなる。そして、注文が満たされないと、どうしても文句が多くなる。人間関係に悩んでいる人は、その関係に対する期待や注文が大きいのだ。

他人を自分の期待通りに変えることができれば解決するのかもしれないが、残念ながらそれは不可能だし、そんなことができたとしたら、あなた自身も誰かの都合のいいように変えられてしまうかもしれない。

ならば、自分が変わるほかあるまい。**大きくなった自我を小さくしてみる**。相手に対する期待や注文も小さくしてみる。難しいようなら、ちょっとだけでいいから小さくしてみる。それができたら、さらにちょっとだけ小さくしてみる。

その繰り返しで、相手への期待や注文が小さくなれば、人間関係の悩みもかなりなくなっているはずだ。

文句や注文が多すぎる

私は、最近の人たちは文句が多すぎると感じている。ただ、ある意味、仕方がないことかもしれないとも思う。テレビのニュースを見れば、世の中、文句を言いたくなるような出来事ばかりだ。

政治家がこんな悪質なことをやっているなんていうニュースはもう当たり前。事件のニュースもひどいものばかり。ニュースは事実を報道しているのだろうが、あんなものばかり見せられた日には、どうしたって文句が多くなるというものだ。

見ている側が自分の中でちゃんと消化できればいいのだろうが、こう嫌な事件ばかりでは、きちんと消化できないのもやむをえまいと思う。

とはいうものの、やはり文句ばかり言っている人間のそばにはいたくないものだ。間違いを正してくれたり、きちっと叱ってくれるのならまだしも、文句ばかりでは嫌になる。文句が生きがいの上司の下では働きたくはないし、文句ばかり言っている奥さんがいたら、だんなは家に帰りたくなくなる。

文句というのはどこから出てくるのかと言えば、**他人に対する注文**だ。**相手に何か**

を求める気持ちが強すぎると文句になる。近くにいる人物とか、自分の人生、社会に注文しているのだ。先ほどの自我の話の続きになるが、**自我が膨らんで注文が増えると、文句になる**わけだ。

期待とか、希望なんていうのも注文の一種だ。期待とか希望という言葉だけなら美しく聞こえるが、その根っこの部分は、注文と同じことだ。

他への依存心、自分のことは横に置いて他人に期待するというご都合主義、もっと言ってしまえば、自分勝手な行為だ。身勝手な行為を他人に押し付ければ、裏切られて当然だ。でも、こういう人は何度裏切られても、懲《こ》りずにまた注文をつける。

注文というのは将来に対する確証を求める行為のことでもある。**将来に対して確証がほしくて、みんな注文をつける**。

ところが、その確証というのは、実はどこにもない。これはちょっと考えればわかることだが、誰にも将来の確証なんてない。どうなるかわからないのが将来なのだ。

人はまず自分の将来への確証を探すが、やがて、そんなものはないと気づく。すると今度は、他人に対して確証を求めるようになる。他人から得ようと思うのだろう。他人にだってあるわけがない。でも、確証がほしいから、いつまでも追いかけてしまう。

ないものを追いかけても、永久に手に入らない。それに気がついた人だけが、文句を言わなくなるのだ。

泣くのは、不安で仕方がないから

では、なぜ人は将来への確証がほしいのか。それは**不安だから**だ。この不安がさらに膨らめば、恐怖になる。不安とか恐怖を持っていない人はいない。人によって、恐怖を覚えるものの種類とか、恐怖の度合いの大小はあるが、恐怖がないという人はいない。

お化けが怖いとか、ゴキブリが怖いとか、恐怖の対象となるものの種類は人によりけりだし、ゴキブリがちょっと怖い人、見ただけでギャーギャー騒いで走り回ってしまう人など、恐怖の大きさも人それぞれだが、何に対しても恐怖がまったくないという人はいないわけだ。

これはもう人間の性《さが》というものだ。

赤ちゃんは泣いて生まれてくる。まあ、正しくは生まれたとたんに泣くわけだが、ではなぜ泣くのか。呼吸をしなくちゃならないからという説もあるが、呼吸をするだけなら、別に泣く必要はあるまい。

私の解釈は**「不安だから」**だ。生まれてきた外の世界が不安だから泣くのだ。

お母さんのお腹の中は、温かくて、ふわふわ浮いていて、目を使う必要もないし、耳を使う必要もない。とにかく、快適で安心な場所だ。そこから出されてしまうから、赤ちゃんは不安で仕方がない。だから泣くのだ。

つまり、人間は生まれたときから不安に苛《さいな》まれながら生きているわけだ。だから、不安、恐怖を消し去ることはできない。

だが、生きていく中で体験、知識を積み重ねることで、不安や恐怖を小さくすることはできる。トラウマのように逆に大きくなることもあるが、トラウマの逆をやれば小さくもできる。体験によって、それまで恐れていたものが実はたいしたことはないと思えるようにもなるのだ。

ゴキブリが怖いと思っていた人でも、例えば知識として、家庭にいるゴキブリが実はそれほど汚いわけではないし、ましてや人を襲うわけでもないと知れば、それほどまで怖がらなくてもいいものだとわかる。急に現れればびっくりはするかもしれないが、それは怖いという感情とは違う。

そんなふうに、**経験、知識によって一つ一つ恐怖や不安を小さくしていけば、結果として文句も減っていく**はずだ。

社会に合わせると、どんどん嫌な大人になっていく

人間、生まれたときというのは何にも染まっていなくて、純粋である。しかし、大人になるにつれて、社会という現実に触れ合い、少しずつ、自分を曲げながら社会に適応しようとする。

そうやって、社会人として成り立っていくわけだが、個人として見た場合、なにか嫌な大人になってしまったということに気づかないだろうか。

「初志」という言葉がある。「初志貫徹」とかそんなふうに使われる言葉だ。初志というのは、最初の志のことだが、誰でも最初の志はそれほど悪いものではない。

ところが、社会の現実と触れ合うと、初志を曲げてしまうのだ。「何か違うな」と思いつつも、「いや、これが現実というものだ」などとわかったようなことを言って、

自分をごまかしてしまう。**そうやって自分を曲げ続けていくと、どんどん嫌な大人になっていく。**

最初の頃の状態が本当は一番いいのに、社会に合わせて自分を捻《ね》じ曲げることを成長したと勘違いしてしまう。そして、必死に「成長」しようとして、どんどん嫌な大人になっていってしまう。

自分が嫌な大人になっていっているのに、他人のことを嫌なやつだなんて言っても仕方がない。嫌なやつ同士がぶつかって、それで「人間関係がうまくいかない」なんて言っているわけだ。うまくいかなくて当たり前ではないか。

社会に合わせて成長しようなんて思ったら、どうしたって嫌な大人になってしまう。嫌な大人は、競争とか、戦いをしながら世の中を渡る。戦いになれば、どうしたって相手の弱点を狙っていくことになる。別にけんかの話をしているわけではない。市場でのシェアの取り合いなんていうのも戦いだ。

当然、自社の強みを出しつつ、他社の弱みを突いていくことになる。相手の弱点を狙うというのは、卑怯か正々堂々かと言えば、明らかに卑怯の部類に入るだろう。卑怯なことをして、それで「勝った、勝った」と喜んでいるわけだ。

これが当たり前のように思ってしまうのは、すでに自分自身が嫌な大人、卑怯な大人になってしまっているからだ。初志を思い出せば、自分が嫌な大人になっていることに気がつくだろう。それに気がつけば、修正することもできる。早く、多くの人に気づいてほしいものである。

かたいもの同士がぶつかるから大ケガをする

嫌な大人と嫌な大人が一緒になれば、その人間関係は必ずぶつかることになる。ぶつかるのを避けることは難しい。

どうしてもぶつかる運命であれば、その衝撃をどう和《やわ》らげるかを考えるしかない。

それには**「お互いが柔らかければいい」**というのが私の答えである。

何が柔らかければいいのかというと、考え方とか信念とか意志といったものだ。「かたい信念」「かたい意志」という、**一見、いいものに見えるもののほうが実は危険**なのだ。それよりもむしろ、「柔軟な思考」とか「頭の柔らかさ」のほうがはるかに有益だ。

「まじめにかたく生きろ」なんて教えられて、頑《かたく》なになって、かたいもの同士がかたいままともにぶつかるから大ケガをする。

車もかたいからぶつかったときに大事故になる。もし車が綿のようなものでできていたら、ぶつかっても誰も大ケガはしないだろう。

社会生活の中で相手とぶつかりそうになったときも、柔軟な思考があったり、柔軟な対応ができたりすれば、ぶつかったとしても大ケガをしないで済む。

人間は生まれたときはみんな柔らかい。かたく生まれてくる赤ん坊はいない。柔軟体操をさせたって、子どものほうがたいてい柔らかい。大人になると体がかたくなる。

では、死んだらどうなるか。みんな死んだら、かたくなる。だから、かたい信念を持っているなんて、すでに死に体みたいなものなのだ。

そんな死に体みたいな堅物と付き合ったって、生きた心地がしないのは当然だ。かたい信念はいらない。みんな、もっと柔軟に生きたほうがいい。

社会や組織がよくならないのは誰の責任か

うちの道場生の中にも、かたい連中がたくさんいる。特に勉強ができたやつらは、かたくて危なっかしくて見ていられない。立派な人になろうとか、そういうかたい意志で目標を持って勉強してきた子ほど危なっかしい。**知識をすべて善であると考えてしまう危なっかしさがあるのだ。**

そういう子は、私ができるだけ柔らかくしてあげるようにしている。

知識を否定しろということではない。**知識が100%善であるという考え方が危ないということだ。**

知識をいっぱい持った、東大とか京大とか一橋大とかの出身者がいて、そういうかたい志《こころざし》で勉強してきた人たちが社会の上に立って社会を作り上げてきた。だが、この社会を「いい社会だ」とほめる人は少ない。あちこちから不満の声や文句が出ている。そして、一向に社会がよくなる気配は見えない。みんな、どうしたらもっといい社会になるのだろうと思いながら生きている。

かたい意志で勉強をして、日本をよくしたいと思って役人になっている（私腹《しふく》を肥やしたいと思ってなった人もいるかもしれないが、それは論外だ）人が多いにもかかわらず、それでもよくならない。なぜか？

社会や組織がよくならないのは、上に立つ人間がよくないからだ。そして、今の社会のシステムでは、知識のある人間が上に立つようになっている。知識を100%善だと思っている、かたくて危なっかしい人たちが上に立つ社会や組織がうまくいくはずがない。**上に立つ人間がかたいから、社会も組織もかたくなる。**

上がしっかりしていれば、その組織は必ずよくなる。社会が悪いのは官僚や政治家の責任、会社が悪いのは社長の責任なのだ。

人間同士がぶつかるのは、仕方のないことだ。違う人間が集まる以上、ぶつかってしまうのはやむをえない。そのぶつかりをいかに小さくするか、そこが組織の上の人間の仕事になる。

そこに意地悪だとか、卑怯だとか、ずるさだとか、人間の嫌な部分が出て、それが原因で争いになるというのは、完全に指導者の責任だ。会社でそういうことが起き、それを止められないのは社長が悪い。学校でそんなことが起こるのは先生の責任だ。家庭で起これば親の責任に決まっている。

そういう空気を作らない、なりそうになっても小さいうちに消し止める。それができるのは上の者だけだし、それをするのが上の者の責任なのだ。

豊かな家庭ほど親子の触れ合いがなくなっている

高学歴で賢い人ほど危なっかしいという話をしたが、その具体例を少し見てみよう。

これは人から聞いた話だが、東大卒の男性で、年中自分の顔を触るのが癖になっている人がいる。誰しも、ちょっと不安になったりすると、自分を確かめたくて顔を触ることがある。別に他人に迷惑をかけているわけでもないので問題はないのだが、あまりにも必要以上にやりすぎるのはどうかと思う。

こういう自分の顔を過度に触ったりするのは、自分への不安、あるいは過去に強い不安を覚えてしまった人に多い癖だ。特に、対人関係において、他人と触れ合うことに不安があるために自分に触れるしかなくなって、こうした癖となって現れてしまうことが多い。

若い人が過去の人間関係における触れ合いに不安を覚えるのは、十中八九、親との触れ合いに問題があったと考えられる。ほかに触れ合うべき人はいないし、親としっかり触れ合っていれば、他人との触れ合いに不安を覚えることはない。

全員とは言わないが、**勉強ができる子ほど、親との触れ合いに乏しい**傾向が強い。本当はもっと親と触れ合いたいのに、「お父さん、お母さん、あのね」なんて話しかけても、「そんなことより、勉強しなさい」と言われてしまうのだろう。そうやって、心のシャッターを下ろされてしまう。親にシャッターを下ろされてしまったら、あとは自分を頼るしかなくなってしまう。

親は正しい教育をしていると思っている。子どもも親の言うことを聞くのが正しいと信じている。そこが怖いところだ。**みんなが正しいと思っているのに、結果、間違った方向へ行ってしまう**。

親との触れ合いという点では、両親が共働きで、生まれてすぐに保育園に預けられるなどして、親と触れ合うことが少ない環境で育てられた子は、大人になったときに当時の寂しさが影響を与える可能性が高い。心に歪《ゆが》みが生じてしまうのだろう。

それが子どもの自立のためなのだとか、生活のために、豊かさのためには仕方がないとか、親は言い訳をしがちである。でも、子どもとのスキンシップは親がやってあげなければ誰がやるのか。他人では絶対にできないのだ。

子どもを他人に預けて、仕事に没頭して、ちょっと儲かったからといって「成功した」なんてよく言えたものだと思う。


先ほどの自分の顔を触る癖を持つ彼は、お父さんもお母さんも医者だそうだ。彼は生まれてすぐに、乳母《うば》とか家庭教師に預けられて育った。お父さん、お母さんは、地域の医療のために頑張って働いていた。両親は、地位も名誉もお金も得た。

彼は今、あるベテラン女性歌手の追っかけをしているという。コンサートに出かけていっては一番前の席で歓声を上げ、女性歌手のファッションを真似し、同じバッグを持ち歩くという。一種のマニアだ。

私から見れば、彼は女性歌手の追っかけをしているのではない。お母さんの背中をその女性歌手になぞらえて追いかけているのだ。

彼は結婚しているのだが、子どもが嫌いなので作らないそうだ。それはそうだろう。自分の子ども時代を思い出せば、寂しいことばかりだったはずだ。自分の子ども時代を好きになれなければ、自分の子どもを育てようなんて気持ちにはなれまい。親がよかれと思ってやった教育で、結局、子どもの心に深い傷を負わせてしまった。これも社会が豊かさを得た代償と言えるのかもしれない。

「常識」に頼るほど危なっかしいことはない

組織や社会でさまざまな問題が起こると、それは起こした人が非常識だからだと多

くの人は思う。もちろん、そういうケースもある。しかし、非常識だけではなく、

「常識」も問題を起こす

ことがあるのだということは知っておいたほうがよい。

問題を起こした人間の非常識さに腹を立てることはあっても、常識に対して腹を立てることは普通はあまりない。だから、常識も問題を作ってしまうということに、多くの人が気づかない。

悩みや苦しみの多くは、非常識からは出てこない。常識どおりにやっている、常識に沿って生きているはずなのに結果が出ないから、悩み、苦しむことになる。

うつ病は、常識的な人のほうがなりやすい。自殺もまじめな人ほどしやすい。そんなにかたく考えなくてもいいのに、常識から外れることができなくて、自分を追い込んでしまう。いわば、常識病というやつだ。

常識にとらわれている人は自分を追い込むだけでなく、周りの人間の非常識が許せなくなるというケースも多い。そんなことは気にせず、放っておけばいいのにと思えることでも放っておけなくなる。放っておけなくて、ぶつかり合う。

常識なんてやつも、結局は権威、権力者が決めたものだ。完全な常識なんてありえない。同様に、完全な非常識なんてのもありえない。世の中、常識と非常識のバランスの上で成り立っているのだ。

つまり、**常識と非常識のバランスをうまく保っている状態が一番いい**ということだ。

では、常識と非常識のバランスをとるにはどうすればいいのか。言葉にするとやや漠然としてしまうのだが、常識でもない、非常識でもない、**その真ん中で宙にふわっと浮いているような感覚を持っている**といい。

どこにもつかず、風に身を任せるような感覚だ。善悪といった、社会の常識から判断するような価値観を絶対視せず、自然の風に任せる。その時々の状況に応じて、柔軟に対応するわけだ。

風が右から吹いてきたら左に落っこちて、そのままいればいい。左から吹いてくれば右に落ちればいい。ただそれだけ。風に身を任せるのみだ。

私はよく、シーソーの真ん中にいるような感じがいいと表現するが、それと同じだ。シーソーの真ん中にいて風に身を任せ、右へ行ったり、左へ行ったりする。最初から右や左に偏っていたら、シーソーは動かない。バランスを欠いたまま、身動きがとれなくなってしまうのだ。

地震が起こったときの建物だって同じだ。地震で揺れないように、かたく頑丈に造ったビルと、揺れを大きくして逆にその揺れの動きを逃がすようになっているビルと、どちらが安全か。

かたいビルは大地震ではむしろ危ない。ぽっきり折れてしまう可能性が高いのだ。今はむしろ、大きく揺れることでその揺れのエネルギーを逃がす構造にしてあるビルのほうが多い。揺れが大きいほうが危険なように思うかもしれないが、実は安全なのだ。

自然の風に身を任せる。一見、危なっかしそうに見えるかもしれないが、実はこのほうがよほど安全なのだ。

柔軟に誠実に生きるための三つのキーワード

かたさをほぐし、柔らかくなるための三つのキーワードがある。「臨機応変」「適材適所」「柔軟性」の三つだ。この三つはワンセットで考える。

これは仕事においても、人間関係においても、勝負事においても使える必須要素だ。

物事には「今」がない。今というのは、刻々とすぎていってしまう。今をつかまえようと思っても、つかまえたと思ったときにはもう過去になっている。**人間は、変化の中に生きているのだ。**

変化の中に生きているのに、なぜ固定観念などというものにしがみつくのか。固定観念にしがみついていては、変化に対応できるはずがない。臨機応変に動き、人も物も適材適所に配置し、柔軟性を持って対処することで変化に対応できる。

ところが人間というのはおもしろいもので、困ったときほど同じ行動を繰り返してしまう。そして、失敗を繰り返す。何かにしがみつきたい、何かにすがりたいという気持ちになってしまうのだろう。だが、それでは事態を悪化させるだけだ。

困っているときというのは、何かに追われている状態がほとんどだ。仕事でも、人間関係でも、勝負事でも、追われているようではいい結果は出ない。追われると逃げたくなる。だが、逃げれば逃げるほど追われることになる。

追われないためには、間に合わせるしかない。間に合わせるという感覚を持っていれば、追われることはない。間に合わせないで生きているから、追われてしまうのだ。

そうは言っても、仕事に追われることはよくある。そんなときは、**追われているという感覚を自分の中でできる限り消してしまおう**。追われていると思ったら、心の中の消しゴムで消す。そうすれば、少なくとも心の中では追われることはない。

物事を得よう得ようとすると、その物事に追われてしまうことになる。だから、得たいという気持ちを消せば、追われる感覚も消せるわけだ。

ただし、追われる感覚を消すと言っても、間に合わせなくていいという意味ではない。追われていても「気にしない」と言って、約束をすっかり忘れて間に合わなかったらダメだ。むしろ、間に合わせるために、追われる感覚を消すくらいの気持ちだ。私は、雑誌の連載を20年やってきているが、原稿が遅れたことは一度もない。先延ばしにするというのは、やはり不誠実だ。自分に誠実に生きたかったら、遅れずにやらなければいけない。そして、そのためのキーワードが「臨機応変」「適材適所」「柔軟性」なのだ。

遅れないようにしたくても、ほかの仕事とかち合って、にっちもさっちもいかないということもあろう。でも、そんなときこそ柔軟に対応することが大切なのだ。

ほかの仕事と今の仕事、どちらが優先順位が高いのか。それを考えることで、臨機応変に対応できる余地が生まれる。適材適所に人の手を借りることでうまく事が運ぶかもしれない。あるいは、本当にその日が期限のデッドラインなのか。もしかしたら、相手も柔軟に対応してくれるかもしれない。こちらが柔軟に構えておけば、そういう可能性も見えてくる。不誠実な対応をするよりは柔軟に事を運ぶほうがいいに決まっている。

柔らかく、そして誠実に。これが物事がうまくいくための必須の条件なのだ。

「裏切り」ではない、「変化」である

世の中は常に変化していて、「今」というものはあっという間に過去になることはすでに書いた通りだ。9時に思ったことが10時には変わっていても当たり前だし、9時に起こった状況に合わせて10時に対応してみても、状況が変わっていて意味がないこともある。

状況も変化すれば、人だって変化する。そう考えれば、「裏切り」なんて言葉はい

らなくなる。本書でも「裏切り」という言葉を何度か使っているが、実際は**「裏切り」ではなく、単なる「変化」であり、**「変化」するのは当たり前のことなのだ。

昨日まであんなに優しかった人が急に冷たくなったとか、「ずっと愛してる」って言ってくれていた人が別の異性のところに行ってしまったなんて話は、世の中ごまんとある。多くの人は「裏切られた」なんて言うわけだが、私から言わせれば単なる「変化」にすぎない。

私自身だって、人間関係の中でいいこともあればよくないこともある。面倒を見ていた人が去っていくことだってある。でも、それは「裏切り」なんかじゃない。「変化」が起こっただけだ。

変化とは常に始まりだ。始まりというのはいつもおもしろい。そう考えられればいいじゃないか。いつまでも「裏切られた」などと言って、マイナスのオーラを出し続けていても仕方がない。置かれた状況の中で、文句を言わずにうまく順応して、臨機応変にやっていけばいい。

世の中の景気なんてものも常に変化しているだろう。「景気に裏切られた」なんて文句を言っても仕方がない。景気が悪ければ悪いなりに、臨機応変に対応してやっていくしかない。人間関係だって同じだということだ。

さらに言えば、自分自身だって、変化し続けているはずだ。自分はこういう人間だなんて決めつけたって、変化しているのだから意味がない。自分のことは自分がよく知っていると言いながらも、実は自分が一番わかっていないのが人間だ。

自分を知ることを「自覚」と言う。「自覚」はとても大切なことだ。でも、**「わからない」ということがわかるというのも、同じくらい大事なこと**なのだ。

自分って何だろう。わかったと思っても、疑ってみる。変化に注目してみる。疑うことで新しいものが見つかることもあるし、新しいもののほうへ移動できるようになる。

これだと信じて疑わなかったら、そこ以外の場所には行けなくなる。一つのことにしがみついて、こだわって、がんじがらめになって、身動きがとれなくなる。気持ちの切り替えもできなくなる。

切り替えなくちゃなんて気づいたときにはもう遅い。本来は、変化についていくことで、自然に切り替わるものなのだ。

「信念」なんてものがかたければかたいほど、切り替えはうまくいかない。切り替えがうまくできない人ほど、悩みも多い。「信念」だって変化していいのだ。いや、むしろ変化させなければいけないのだ。

エネルギーがマイナスに働くと狂気が生まれる

最近は、知識があって、博学博識にもかかわらず、人との触れ合い方が壊れてしまっている人が増えている。人との触れ合い方が極度に壊れてしまっていると、それは狂気と呼ばれてしまう。病気だから仕方がないという見方もあるようだが、その病気が蔓延《まんえん》してしまうのはやはり見過ごせない。その原因が、世の中にあるのならなおさらだ。

明らかな病気ならまだわかりやすい。そうではなく、博識な人だったり、仕事ができる人だったり、一見、しっかりしているように見えるにもかかわらず、実は狂気を潜《ひそ》ませている人が増えているのだ。社会で立派な地位や権威を得ていたり、仕事ができるなどと評価されているからといって、正常だとは言い切れない世の中になってしまっているのだ。しかも、その割合がどんどん上がってきている。

できる人、しっかりした人、言ってみれば「勝っている人」というのは、人の上に立ったり、人の手本、見本、憧れになったりする。そういう人が正常ではなく、狂気を持った人だったらどうなるか。そこへたどり着くには、正常な精神では不可能だということになって、世の中に狂気が拡大していくことになってしまう。

狂気のエネルギーというのは半端《はんぱ》じゃなく大きい。最近はすぐに「キレる」人が増えているようだが、キレた人のエネルギーは誰にも抑えようがないくらい大きい。

あるいは、酒乱というのがある。酒乱の人は、酒がある一定の量を超えると暴れ出す。酒の力を借りて、自分を忘れようとするのだろうが、そのエネルギーがこれまた半端じゃない。人が持っているエネルギーがマイナスに働いてしまった結果である。

自分の中のエネルギーをプラスの方向に向けるか、マイナスの方向に向けるかは、非常に大事なことだ。人生そのものに影響してくる。

ここで言うプラスというのは、自分自身の基準でいい方向に向かおうとすることだ。決して、社会の制度に照らし合わせてプラスの方向に行くということではない。

社会制度の中でプラスに向かおうという人は多いかもしれない。しかし、本当の意味でプラスの方向に向かって生きていこうとしている人は、案外少ない。

本当の意味でのプラスとは、人間という生き物としてのプラスの方向性のことだ。社会制度に合わせて生きていこうとすると、先ほどのように、どうしても狂気のようなマイナスのエネルギーを発することになる。制度の中で、どんどん道を外していってしまうのだ。

人間はまず、**生き物＝生ものであるということを、自分の肌で感じなければいけない。**そうでないと、狂気を自ら受け入れることになってしまうのだ。

真面目も不真面目も両方とも否定する

あまり真面目すぎたり、かたすぎたりすると、「堅苦しい」という言葉があるように苦しくなってしまう。教育者の中にも、そういった堅苦しい人が増えているようだ。陰では何か悪さをしたりしていても、教壇に立つと真面目な話に終始する。教師だけでなく、親がかたい子どもも苦しくなる。真面目とか堅苦しいことが、教師の仕事だとか親の役目だと勘違いしてしまっているのだろう。そんなものは、子どもたちを苦しくしているだけなのだが、それには気づかない。

だったら、不真面目がいいのかと言えばそんなことはない。不真面目は人に迷惑をかける。不真面目だと何かをやり終えたあとに、誰かが片付けなければいけないゴミのようなものが残ってしまう。

でも、「不真面目は人に迷惑をかける。迷惑をかけちゃいかん」などと教えると、堅苦しくなってしまう。では、どうすればいいのか。

私の答えは**「両方とも否定する」**だ。真面目も不真面目も、自分の中で常に疑問を抱き、そして否定する。両方認めるのではなく、両方否定するのがポイントだ。両方認めればいいじゃないかとなると、いつの間にか必ずどちらかに偏っていく。どちらかについてしまったほうが楽なので、自然にどちらかに寄っていってしまうのだ。

否定なら、どちらにつくこともない。つきそうになっても、否定によって反発が生じる。

両方を否定しておくと、**傾きそうになったとき、もう一方がふわっと浮いてくる。**そういう感覚でいるのがベストなのだ。

よく思想でも、右だ左だと論争している。右に傾いている人もいれば、左に傾いている人もいる。こういうのはもう、どちらがいいとか悪いとかではない。あえて両方否定して、どちらにもつかず、真ん中あたりにふわっと浮いているのが一番いいのだ。そういう感覚でいれば、等身大で物事を見ることができる。

「右のあそこはいいよ、左はあそこがいい。でも、右のここはよくない、左のここがダメだ」

真ん中にいることで、こんなふうに両方から学ぶことができるようになる。それが、右に傾いたままだと、左をただ否定してつぶしにかかるだけの考え方になる。左に傾いている人は、右をつぶすだけの考えになる。世の中の争いというのは、その多くがこういうことから生まれている。右だとか左だとか、そういうことに限らない。経済戦争も、宗教戦争も、偏ってしまって、相手をつぶすだけの考えから起こるのだ。

どっちにもつかずにふわっと真ん中にいれば、**両方のいいところ、悪いところが見える**。世の中、絶対的に正しいなんてものはありはしない。いいところもあれば悪いところもある。だったら、両方からいいところだけ学べばいい。

真面目も不真面目も否定して、両方のいいところを学べばいいのだ。

心と体の緊張を解きほぐすには

プレッシャーを感じたり、それに押しつぶされそうになったりして、ストレスを抱える人が増えている。なぜプレッシャーを感じてしまうのかと言えば、何か一つのものにとらわれてしまうからだ。「勝とう」とか「よいものを得よう」とか「いいことをしよう」とか、何でもいいのだが、そういう一つのものにとらわれてしまうと、そこに緊張が生まれる。

緊張とは、かたまってしまうこと、つまりかたくなってしまうことだ。心と体の両面でかたくなってしまう。

何かに対処しようと思えば、緊張するのは当然だ。そのときに、自分でそれをほぐそうとするかどうかが大事なのだ。ほぐすというのは、かたくなった心と体をマッサージするようなものだ。プレッシャーから解放されるためには、緊張をほぐすマッサージ法を身につける必要がある。

緊張というのは一点にとらわれた状態だから、まずは**自らが「一点にとらわれているな」と気づく**力が必要だ。さらに、気づいたら、**その一点にとらわれている状態をやめて、対象を広げていく**力も必要になる。この二つの力が、プレッシャーを解きほぐすマッサージの力になる。

一点とか、一つというのは、非常に怖いものだ。人間はみな、一人ぼっちが怖い。心のどこかで一人になる怖さを知っている。だから、一つにこだわった状態になると、緊張が生まれてしまう。

自分というのは一つしかない。それは間違いない。だが、自分とか自我というものにこだわり、それにとらわれてしまうと、緊張状態が生まれ、プレッシャーが生まれる。寂しさの底なし沼にずぶずぶと入り込んで、怖さとなり、緊張が生じる。

ここから解放されるためには、**自分、自我へのこだわりを捨てる**ほかあるまい。自分だけでなく、**他人を常に意識し、認識するようにする**のだ。つまり、自我だけでなく、「他我」をしっかり認識していく。

友達とか仲間とか、家族とか恋人とか、単位はいろいろあるだろうが、彼ら彼女らをただそばに置いておくだけではなく、しっかりと認識していくことが大切だ。

自我を超えた他我を持っていることは、その人の生きがいに大きな影響を与える。例えば私は、私の孫が私自身の命よりも大切だと言い切れる。孫のためなら、私の命などいつでも差し出せる。自分の子どものときにもそれはあったのだが、孫に対してはさらに強いものを感じている。

それは、かわいいとか、愛しているとか、そういうものではない。そういうものを超えたところにあるものだ。自分の生命よりも大切な生命がある。そういう存在が自分の身近にやってきてくれたこと、そして自分の命にさえこだわらない感覚を教えてくれたことに感謝したい。

こういう感覚を覚えて、何かにつけて思い出すことで、心と体の緊張を解きほぐすことができる。そのことにも感謝したいと思う。

脳だけが進化すると人類は滅亡する

人間は脳を発達させて、進化してきた。特に大脳と呼ばれるところは、ほかの動物と比べてかなり大きい。

昨今、「教育」という言葉は、「勉強させること」と同義に使われていることが多いようだ。子どもに知識を詰め込んで、それでいい教育をしたと勘違いしている親が増えている。頭でっかちの子どもを量産して、権力の側につかせようと必死になっているわけだ。

これを繰り返していくと、人類はどうなるのか。未来の人類は、現代人よりもさらに脳が大きくなるに違いない。**体の機能は退化して、脳だけが進化する**から、体の大きさに比べて脳がかなり大きな割合を占めることになろう。

そうなったら、全体のバランスが悪くなって、歩くことも、動くことも今よりもかなり不自由になるのではないだろうか。

生まれてくる赤ん坊の頭が異常に大きくなってしまうかもしれない。そうなったら、それを産み落とす母体が危ない。母親がどんなに頑張っても、母親の胎内から出られなくなって、生まれてくることができなくなってしまうかもしれない。帝王切開のような手術でしか生まれてこられない生き物になってしまったら、**種としては滅亡の危機**だ。

考えることはいいことだと教えすぎると、考えすぎ、思い込みすぎの子どもが増えてしまう。考えすぎたり、思い込みすぎたりするのが原因で、精神を病んでしまうケースも多いのだ。

そうかと言って、考えないで体を動かすだけというのも困る。要はバランスの問題なのだ。

不思議なのだが、麻雀をやっている道場生たちを見ていると、学歴があって頭がいいとされる子は顔、特にあごを動かして打つケースが非常に多い。顔の部分に違和感が出てくるのだ。

よく「おまえ、あごで麻雀を打っているのか」なんて冗談めかして修正させるのだが、ちょっとすると元に戻ってしまって、あごで打っている。脳を使いすぎて、脳に近い場所が動いてしまうのだろうと分析している。

逆に、これまであまり脳を使わずに生きてきたような子は、肩とか肘など、体の部分に違和感が出てしまう。

どっちがいい悪いではない。両方、バランスよく整えなければいけないということだ。

失敗者から学んだほうが、真実はよく見える

書店には「成功者に学ぶ」などと銘打った本がたくさん並んでいる。そういう本で「成功者」と呼ばれている人は、たいてい「金儲けがうまくいった人」を指している。

はっきり言って、そんな本を読んでも学ぶべきことなど何もない。

なぜなら、金儲けがうまいとはずるいことをした人間がうまくいくのだから、**そんな人間から学んでもずるい人間にしかなれない**ということ。もう一つは、「成功者」よりも「失敗者」、「できる人」よりも「できない人」、「いい子」よりも「ダメな子」から学んだほうが、真実がよく見えるからだ。

あえて、上下という言葉を使えば、上から学ぶことなど何もない。上からものを学んではいけない。**物事は下から学ぶ**ものなのだ。

私自身も、子どもや孫から学ぶことが多いし、雀鬼会の若い衆から学ぶことも多い。もちろん、「これを教えてください」と言って学ぶわけではない。彼らの言動から、自分に必要なことを学びとるわけだ。

成功者から学ぶなんていうのは、アメリカ型の資本主義からやってきたのだろう。アメリカンドリームなんて言葉があるように、裸一貫から大金持ちになることが成功だという考え方が強い。

そのアメリカでも、最近は「本当の成功とは何だろう」と考える成功者が増えていると聞く。「成功者とは不正巧者なり」と気づいた人が何人も出てきたのだ。「成功者は不正巧者」、つまり成功したなんていう人は不正が上手な人だということだ。成功者は正しいのではなく、間違った行為を巧みにこなしてきた人なのだ。そんな人が世の中に増えたらどうなるか。世の中、不正なことだらけになってしまう。そして、そんな「成功」は「本当の成功」とはまったく関係がないのである。

なぜこんなことがはっきり言えるのかと言うと、**いわゆる成功者と呼ばれるような人たちが、私の前で悩み苦しんでいる**姿をたくさん見てきたからだ。会社の資金繰りなんかで悩んでいるわけではない。儲かって仕方がないような会社の経営者が、一個人となって私の前に現れたときに、人生の生き方についての悩みを打ち明けるのだ。それも一人や二人ではない。多くの社長さんたちが、同じような悩みを打ち明ける。

「私はこれでよかったのでしょうか」

「自分は何か大切なものを忘れてしまっているのではないでしょうか」

「私は大事なものを犠牲にしているような気がします」

決まってそんなことを言う。

「会長はいいですね、器が大きくて。私などはちっちゃくて」

そんなことまで言う。会社では社員たちに大きな人間だと思われているはずなのに、一個人になったとたんに、自分の器の小ささに悩んでしまう。

そんな人たちを見てきて思うのは、**金儲けという意味での成功なんて「人生の成**

功」とは何の関係もないのだということ。

じゃあ何なんだ、と言うことになる。それについてはまた、別の章で詳しく述べることにする。

第3章

「悪」のパワーを
コントロールする方法

意地悪はコントロールできるくらいの小ささがいい

最近は、大人の世界でも子どもの世界でも、あちこちでいじめが横行している。いじめというのは、意地悪な気持ちから生まれてくる。意地悪とは文字通り、「意地」が悪いということだ。

「意地を張る」とか、「意地を通す」という言葉がある。意志を貫くというような意味で使われることが多い。意地を通す分には特に問題はないのだが、意地が悪いとなると、これは大問題だ。意地が悪いやつ、すなわち意地悪が他人へのいじめをし始める。

世の中、意地悪で溢れかえっている。会社にはゴロゴロいるし、家庭でも意地悪なお父さん、お母さんは多い。お父さん、お母さんが意地悪だと、当然、子どもも意地悪になる。そして、学校でいじめをする。

意地悪は犯罪ではないので、警察に捕まることがない。だから、あちこちにはびこってしまう。意地悪は社会で堂々と生きられる存在なのだ。

困ったことに、**この社会では意地悪なほうが得をしやすい**ようになっている。だから、意地悪を武器にして社会で伸びていこうとする人間がたくさん出てくる。例えば、大企業なんて、ほとんどの会社が小さな会社をいじめて伸びてきたにすぎない。下請けをいじめ、ライバル会社をいじめて大きくなった。資本主義の世の中、そうでなければ大きくなれないのだ。

大国と小国の関係もそうだ。大国は小さな国から奴隷として人を連れてきて、自分たちだけ得をしようとした。これは決して、昔話ではない。大国が経済的に豊かなのは、小国の犠牲の上に成り立っている。わざわざ「フェアトレード」（途上国の生産物を適正価格で買い取り、先進国で販売すること）などと言う必要があるのも、その証拠の一つだ。

経済的な成功だけを見て、大国だとか大企業だと言うが、実はその裏側というか、根本のところには、意地悪というものがあるのだ。**意地悪こそが「成功」をもたらす**ものだと言ってもいいくらいだ。人がいいやつは、意地悪なやつに必ず利用されてしまう。意地悪さ、卑しさ、意地汚さの3つがあれば、必ず社会で「成功」することだろう。ほかの本にも書いたが、大企業などは、自社ビルのてっぺんに「われ、盗賊なり」という看板をでかでかと掲げるべきだ。

さて、この意地悪というやつも人間の性であって、なくすことはできない。どんなに人のいいやつでも意地悪さをどこかに持っているものだ。かく言う私だって、意地悪さを持っている。それが人間なのだ。

では、どうしようもないのかと言えば、そんなことはない。経済的成功のためなら意地悪でもいいやと思う人もいるかもしれないが、やはりそれでは周りに迷惑をかけるし、自分自身も幸せにはなれない。

意地悪を消せないなら、小さくしてコントロールすればいいのだ。コントロールできないほど大きくしてしまう前に、小さい状態で管理するのだ。

意地悪の火は消せない。だが、小さい火のままコントロールしておけば何の問題もない。それを、どんどん大きくしてしまって、大火事にしてしまうから、手に負えなくなってしまう。ライターの火ぐらいなら何でもないが、炎が家全体にまで燃え広がってしまったら、消防隊が来て水をかけたって簡単には鎮火できない。

火事でもボヤで済ませられれば、死者やケガ人は出ないのだ。意地悪の火も、ボヤぐらいで済ませられるように、自分が管理できる程度の小ささにしておくことが必要だ。

誰かのせいにしたくなったら、天気と同じと考えたらいい

意地悪の根源には、その人の被害者意識も大きい。何か、悪いことが起こるとすぐ

に他人のせいにしてしまい、文句を言う。この文句が意地悪につながる。

ところが、例えば**天気が悪いことに対して文句を言う人はあまりいない**。「雨なんか降りやがって、ただじゃおかないからな」などと言う人がいたら、ちょっと変な人だと言われてしまうだろう。雨を空のせいにしても意味がない。

ところが、他人のせいには平気でできてしまう。悪いことが起こったとき、自分の中で確認できるものがないから、他人にそれを求めてしまう。人には寂しさという感情があるが、これを膨らませたりしてしまうと、被害者意識が出てくる。つまり、加害者を探し始める。

世の中にはいいことも、都合の悪いことも、両方起こる。誰のせいでもない。それが当たり前なのだ。

なのに、悪いことが起こったときだけ、他人のせいにする。誰かのせいにしてしまうと、それが意地悪へと変わり、意地悪が増殖していくことになる。

いいことも悪いことも天気と同じだと思えば、腹を立てたり、他人のせいにしたり

することにも意味がないとわかるだろう。いいことが起これば「今日は晴れだ」、よくないことが起これば「今日は雨だ」と思えばいい（もちろん、逆でもいい）。

昨日や今日が雨だからといって、永久に雨が続くなんて思う人はいない。天気が回復するのをただ待てばいいのだ。

恨みや憎しみをパワーの源にしてはいけない

人間の悪い感情、恨みとか憎しみなどをバネにして頑張って成功する人もいる。ただし、こうした悪い感情をバネにするとどうしても意地悪になってしまう。

「こんちくしょう、あいつにだけは負けないぞ」とか「このやろう、今に見てろよ」なんていう気持ちを頑張るエネルギーにすると、強いパワーが出る。だから、いわゆる**成功に近づく確率は上がるかもしれない。でも、意地悪になる。**はたしてそれでいいのか。

恐ろしいのは、成功したあとでも負の感情は残ってしまうということだ。成功したのなら、もう悪い感情をエネルギー源にする必要はないはずだ。それなのに、人を恨む気持ちだけは残り続けてしまう。

これも**消すことができなかったら、小さくすればいい**。先に述べた、コントロールをここでもしてみるのだ。無理やり理性で抑え込もうとすると歪みが出てくる。だから、恨みや憎しみの感情を素直に認めて、それを小さくする。

最初から、恨みとか憎しみを抱えないのがいいのだろうが、これも感情なので完全に消し去るのは無理だ。だが、その感情が起こったときはなるべく小さくするようコントロールすることは常に忘れないようにしたい。

成功者は、奴隷のように人を使うから成功できる

何度も書いているが、残念なことに世の中は意地悪なほうがいわゆる「成功」をする確率が高い。意地悪は、**いい人を利用して成功するからだ。**言ってみれば、奴隷のように人を使うのだ。

昔、欧米の国々がアフリカから奴隷を連れてきて働かせたが、現在でも、似たようなことが起こっているわけだ。

困ったことに、現代の奴隷たちは、自分が奴隷だと気づいていないことが多い。それで、**社会の常識なんていうものに自分から合わせて、進んで社会の奴隷になって満足している。**

常識なんて誰が作ったのか。世の中で一番困っている人が作ったのなら従ってもい

いだろう。だが、いわゆる権力者とか、豊かな成功者という連中が作ったのが常識というやつだ。そんなものに従う必要はさらさらない。そういう気持ちを常に持っていなければいけない。

常識とか、制度なんかをひっくり返すことがすばらしいと言っているのではない。常識をきちんと全《まっと》うしている人が立派だなどという価値観は捨てるべきだということだ。

そうすると、**自然に弱者に目が行く**ようになる。弱い人を助けてあげることができるようになる。それが、世の中で「優しさ」とか「愛」なんて言われているものにつながっていくのではないか。

はじめに「優しさ」とか「愛」があるのではない。**弱者に対する気持ち、行動があってはじめて、「優しさ」とか「愛」と呼ばれるものが現れる。**

「愛」とか「優しさ」なんていうと、ちょっと大上段に構えすぎるきらいがあるが、常識人が立派だなんていう幻想は捨てて、弱者に目をやれば、おのずとそういう気持ちが湧き上がってくるだろう。

弱者を助けることができる人。本当に強い人というのは、そういう人のことを言うのだ。

気づきが増えれば悪事が減らせる

悪いこと、ずるいこと、あくどいことはなぜはびこるのか。それは、**世の中の人が気づかないからだ**。多くの人が気づくようなことは、いくら悪い人間でもそうそうやらない。ばれてしまえば、非難の対象になってしまう。みんなが気づかないから、「このくらいならばれないからいいだろう」と、悪いことをしてしまうのだ。

だから、**多くの人がいろいろなことに気づくようになれば、世の中から悪事が減る**

ということになる。「気づき」の大切さがここにある。多くの人が、いろいろなことに気づく必要があるわけだ。

気づきが失われてしまったのは、平和とか豊かさに原因がある。**平和や豊かさの中では、気づかなくても生きていける**からだ。過酷な自然界で、動物たちが気づきの能力を失えば、それは即ち、死を意味する。敵の接近に気づかなければ、食べられて終わりだ。

鹿が水辺で水を飲むとき、どうやって飲んでいるだろうか。鹿は決して水にばかりとらわれてはいない。水を飲みながらも、近くに敵はいないかと常に警戒し、敵の気配を感じながら水を飲んでいる。

ところが、平和と豊かさの中で生きている現代の人間たちは、自分の喉の渇きだけにとらわれている。水のことだけを考えて飲んでいる。そこで自分の存在を奪おうとしているものが目を光らせて狙っているかもしれないにもかかわらずだ。水を飲むという行為（それだけでなく、あらゆる行為がそうなのだが）は、それほど危険な行為なのだ。

政治家や権力者が悪事を働くのは、国民が気づかないからだ。だから、政治家や権力者は国民が気づかないように、画一的な教育制度で洗脳する。こんな危ういところからは、はみ出ていかなければ逆に危ない。

こう言うと「反権力」「反制度」だなどと言う人もいるかもしれないが、「反権力」ではなく、**「否権力」**と言うべきだろう。権力や制度に反抗するのではなく、否定する。「反」という気持ちを持ってしまうと、罪人になってしまう。やつらに拘束されて、自由を奪われてしまう。それではやつらの思うつぼだ。

それはともかく、「気づき」のためには、**感性とか感覚を磨く**ほかはない。知識だけでは気づきは起こらない。気づくための感覚が必要なのだ。知識があっても気づきがないために、世の中に悪がはびこってしまう。そして、**感性、感覚を磨くには自然から学ぶ**しかないのだ。

いろいろなことに気づく人が増えれば、悪いことをしようと思っても、「どうせ、気づかれるならやめよう」となる。「悪いことはやめよう」とか「ルールを守ろう」なんて声高《こわだか》に言っても、悪いことはなくならない。気づきが増えれば、それが自然と監視の目になるのだ。

「気づき」ができたらその次がある。自分でやるのが「気づき」で、人にやることを「気遣い」と言う。自分でいくら気づいても、人に対する行動を起こさないと「気遣いが足りない」ということになる。**気づいた人が気遣いをする**。これが正しいやり方なのだ。

第4章

何が起こってもブレない生き方

権威者が作った「基準」に合わせるな

人間のあり方さえしっかり見ておけば、社会なんて自然と見えてくるものだ。それなのに、なぜかみんな、わざわざ間違った方向へ進んでいってしまう。

私が雀鬼会を始めたのも、間違った方向にわざわざ努力して進んでいる人たちをたくさん見てきたからだ。どうせやるなら、いい方向へ向かったほうがいいではないか。なぜ、**悪い方向へ無理をしてまで向かうのか。なぜ、わざわざ負ける努力をしているのか。**まずはその逆方向への努力をやめさせようと思ったのである。

そのためには、根っこの部分の基準を変えればいい。「いいか、悪いか」とか「頑張ったか、頑張らなかったか」とか「正しいか、正しくないか」など、世の中でいいとされている基準ではなく、**「楽しいか、楽しくないか」**を行動の基準にするのだ。

「正しいか、正しくないか」とか「いいか、悪いか」なんて基準は今すぐ捨てるべきだ。

そもそも、「正しいこと」とか「いいこと」なんて誰が決めたのか。世の中の正しいこと、いいことはほとんどすべて、権力者が決めたものだ。権威ある人間が作ったから、みんなそれに従わざるをえなかっただけだ。そんなものに従っていたら、権力者の奴隷になるだけだ。

前の章でも書いたように、権力者とか、権威のある人というものを私は何人も見てきたが、その権力、権威が及ぶ組織の中では偉そうにしているが、一個人になるとほとんどの人が何かに悩み、何かを恐れ、苦しんでいる。

何をそんなに恐れているのかわからないが、私に相談に来る権威ある人たちは、例外なく、びくびくしていたり、おどおどしたりしている。私の前では権威など意味がないので、一人の人間として対峙《たいじ》することになる。そうなったとたんに、自分の弱さをさらけ出してしまう。

そんな権威者が作った基準に自分を合わせる必要などどこにもない。**基準は常に自分自身が楽しいかどうか**だけだ。その**軸さえしっかりしていれば、何もびくびくしたり、おどおどしたりすることはない**はずだ。

権威者がびくびく、おどおどするのは、自分の軸を持っていないからだ。あるいは、金儲けとか、仕事とか、肩書きとか、そういう自分以外のものに軸を置いてしまっているからだ。

人は、権威にすがりつくといいことがあると勘違いしてしまいがちだが、成功者だとか、いい暮らしをしているお金持ちだとか、そんなふうに外から見える人でも中身は軸がなくて、びくびく、おどおどしているような人たちなのである。そんな人たちにすがったって、いいことなどあるはずがない。権威の奴隷になるだけだ。

サラリーマンで、会社の肩書きを権威として威張りちらしながらばりばり働いた人が、定年になったとたんに、まったく冴えないおじさんになってしまうという例がよくある。昔から「濡れ落ち葉」などと呼ばれ、居場所もなくて、奥さんのあとを濡れた落ち葉みたいにくっついているだけの存在になってしまう。

自分の軸さえしっかりしていれば、定年なんて関係ないはずだ。常に楽しみを追いかけていれば、定年こそ、楽しみを増やす絶好のチャンスではないか。それなのに、おかしなところに軸を置いてしまったがために、その権威がなくなったとたんに、人が変わったように弱々しくなってしまう。

結局、権威なんてそんなものなのだ。そんなものに近づいてはいけない。そして、自分の中に軸を持っていれば、近づく必要もないのだ。

神も仏も権威である

権威というやつをもう少し大きく考えてみると、神様とか仏様とか、そんなものにまでたどり着いてしまう。神や仏も権威の一種だ。

「そんなことを言うとバチが当たりますよ」

宗教を信じている人や、世間で真面目と言われているような人には、そう言われてしまうかもしれない。では、なぜバチが当たるのか。

それは、人間が神様を作ってしまったからだ。**神も仏も、人間が作ったものだから、バチが当たる**わけだ。神も仏もいなければ、バチなんか当たらないのだ。

知人に呼ばれて行った集まりに、ある有名な寺の坊さんがいた。その坊さんは私に近づいてきて、名刺を出しながらこう言った。

「先生、今度来られたときには、うちの寺のすばらしい庭をご案内しますよ。一般の人が入れない庭です」

なぜ私にそんな庭を見せたいのかわからないが、そもそも坊さんが名刺を持っていること自体、おかしな話だ。おそらく営業用なのだ。坊さんが営業をするなんてこともおかしいではないか。立派な坊さんだかなんだか知らないが、こちらはそんな権威は屁とも思っていない。

そして、私は心の中でこう思った。

「こっちは〝雀鬼〟と呼ばれている〝鬼〟だ。鬼として生きている。神や仏に近づこうとは思わない」

坊さんのせっかくのご招待はお断りさせていただくことにした。

神仏に祈って何か恵みをもらおうなんて姑息《こそく》な考えの人が多いが、**神様も仏様も、人間に何かをくれたためしはない**。彼らはずっと人間からもらいっぱなしなのだ。大きな神殿や仏殿を造ったりできるのは、人間から銭をもらっているからだ。神仏は決して与えない。もらうのみなのだ。

正月に初詣《はつもうで》なんて行って、お賽銭《さいせん》を投げている人は多いが、神仏にお金なんて必要ない。神仏は何の欲もないはずだ。大きな家だっていらない。結局、すべて人間が作ったものなのだ。

そんなものに振り回されて、せっせとお金を貢《みつ》いでいるような人たちもいるようだが、神も仏も人間が作ったものだと気づけば、もっと違った生き方が見えてくるはずだ。

専門家の言うことなど、まったくあてにならない

世の中には専門家と呼ばれる人がたくさんいる。あるいは評論家と呼ばれる人も多いが、これもその道の専門家と言っていいだろう。

専門家なのだから、その道については正しいことを言っているだろうと多くの人は思っているかもしれないが、実はまったくそんなことはない。ちょっと考えただけでもわかるはずだ。

政治の専門家であるはずの政治家が日本をすっかりダメにし、経済の専門家たちがいろいろな手を講じても景気は一向によくならない。

ところが、多くの人が、専門家の言うことにすぐに飛びついてしまう。これも、前に書いた注文と同じで、確証がほしいからだ。

専門家とか、権威者には本を出している人も多い。当然、出版社にはいろいろな専門家の知識が集まってくる。だとすると、世の中で最も知識が豊富なのが出版社ということになる。

だが、世は出版不況とやらで、出版社がバタバタとつぶれている。経済の専門家による経済の本を出している出版社でもつぶれてしまう。教育関係の本を出している出版社の社員が、社内の人間関係に悩んだりしている例もある。

本がまったくすばらしい内容で、100%信じるに足る情報が詰まっているなら、出版社の社員とか本屋さんなどは、今頃、みんながこうなりたいと願うような人になっていてもおかしくない。専門家の正しい知識が凝縮された形で集まってくる出版社の編集者などは、とてつもない人格者であってもおかしくない。

しかし、私自身、本を何冊か出し、出版社の編集者に何人も知り合いがいるが、残念ながら、そんな人格者には会ったことがない。別に非難しているわけではない。編集者は人格者たれと言っているのでもない。専門家の言うことなどそんなものであって、専門家だから人格者だなんてことはないということだ。

だから、**本に書いてあることもすべて鵜呑みにしてはいけない**。まえがきにも書いた通り、私の本だって例外ではない。この本に書かれていることは、私の信念に基づいて書かれているのは事実だが、それがすべての人にとって100%等しく役に立つかどうかは別の話だ。

これを読んでいるあなたは、自分自身の基準に照らし合わせて、本書の内容を取捨選択してかまわない。いや、取捨選択してほしい。

本というものも、決して絶対ではなく、不確実なものとして捉えてほしい。これはなにも、あえて疑えとか、本には嘘が書いているということではない。ただ、**完全な**

ものではないことを忘れてはいけないということだ。

ここで、やはり重要になってくるのが、自分自身という軸だ。その**軸に照らし合わせて、本の内容にマルバツをつける**ことだ。

たまに、人間は言葉がなかった時代のほうが幸せだったのではないかと思うことがある。言葉で争ったり、言葉で人を傷つけたり、言葉で欲を表現したり。便利になったのは間違いないが、どうも世の中、**便利さと悪というものとがセットになっている**ような気がしてならない。先ほどの豊かさの話と同じで、便利さを大きくすることで悪も同時に大きくなってしまうのかもしれない。

権威なんてクソ食らえ

先日、ある道場生の結婚式が帝国ホテルであって、なぜか私は主賓《しゅひん》待遇で招待された。その道場生の親は医者で、同じテーブルにはどうやらお仲間のお医者さんらしき人たちが並んでいた。

私はこの主賓席に5分と座っていられず、すぐに末端の席に移動させてもらうことにした。おめでたいはずのテーブルが、自分の権威ばかりを誇示するテーブルだったからだ。

結婚式なのだから、新郎新婦のめでたい門出《かどで》をお祝いしに来ているはずなのだ。ところが、このテーブルの人たちは、初対面の私に「あなたはどのような権威をお持ちの方ですか」と聞いてくる（こういう直接的な表現ではなかったかもしれないが、表面上はともかく、私にはそういう意味に聞こえた）。彼らの自己紹介も強烈だ。「私はこんな権威ある人間なのですが、あなたは？」とみんなが言うのだ。

「ああ、そうですか。私は権威など何もありません。だから、私はあっちの席に移ります」

そう言って、さっさと移動してしまった。かわいい道場生の門出を祝う席を不快なものにしたくはなかったし、きっとおいしいであろう料理もこんな席では味わえまいと思った。

お金もたくさん持っているのだろう。権威とか名誉とか、そんなものも（本人の基準では）いっぱいあるのだろう。でも、どこか歪んではいないか。何か大切なものを忘れてはいないか。

道場生の関係する話なのでどこまで書いていいか微妙だが、お金も権威も名誉もある環境で育った彼が、なぜ毎日のように道場に通ってくるのか。彼にも、心の中に埋めてもらいたい隙間があるのだ。それが何かを一言で表すのは難しいが、その原因が生い立ちというか、育った環境にあることは明らかだ。

もちろん、彼はそんなことは一言も言わない。「家庭環境が原因で心に隙間があり、それを埋めたくてここに来ています」なんて言うわけがない。でも、私には見えてしまう。逆に言えば、そこが見えなければ道場での指導などできない。

彼の悩みを聞くことがある。一時的には、解決策はいくつもある。だが、根っこの部分が解決されない限り、その悩みは再び起こる。

だから、彼にはできるだけ、社会で教わるような価値観を覆《くつがえ》すことを、あえてたくさん言うようにしている。それによって、彼は自分が楽になるのだ。

こうしなければいけない、ああしなければいけない、これはやってはいけないと自分を縛っていた縄を、私が解いてやる。そんなことはしなくていい、あんなこともやっていいと解放する。

彼がやさしさとか、男らしさを求めていることは見ていればわかる。お母さんのやさしさ、お父さんの男らしさを、本来感じられる時期に感じることができなかったのだろう。

こんなふうに、私は人と接するとき、未来と言うか、先へ先へと進むのではなく、過去へ、昔へ昔へと戻る感覚がある。**その人の本質を見たいと思ったら、その人の過去を知らなければならない**。今の人間を知ろうと思ったら、猿人とか原人まで戻るのかどうかはともかく、過去の人間を知らなければならない。

そういう視点が、本当の意味での悩みの解決に役立つと考えている。

プライドを捨て、根っこの誇りを大切にする

ちょっと前に、道場20周年記念パーティが催された。そこで私が脚本を書いて、演出もして、1本のビデオを作って上映することにした。題して「町田三丁目の夕日」。道場が町田にあることと『三丁目の夕日』という映画（原作は漫画だが）とをかけたタイトルだ。

内容はこんな感じだ。

まず、私がよれよれの格好で道場に入ってくる。すると、道場にいるみんなから「なんだい、おじさん、また来たのか」などと言われる。席に着くと、新聞でポコン

と頭を殴られる。つばを吐きかけて通りすぎたり、赤ん坊の人形を抱いてあやしている人が、そのおしゃぶりを私の口に押し込んだり、私がタバコを吸おうと取り出したら、それを持っていかれて吸われてしまい、「返してよ」と言うと私の手に火を押し付けたりと、とにかく私がさんざんにやられてしまうという設定にした。

「すみません、水をください」と言うと、頭から水をかけられたり、誰かが「アイスコーヒーをください」と頼むので、私が「僕もください」と言うと、その人にはちゃんとアイスコーヒーを持ってくるのに、私には「10万円」と言う。それで、ほかの人の灰皿の中の水を集めて「はいよ」なんて言って持ってくる。

こんな感じで、普段は私のことが大好きで、私を慕ってくれる道場生たちが、徹底して私を邪魔者扱いするという内容なのだ。

演出のほうはさらにたいへんだった。中途半端にやったのではおもしろくもなんともない。「とにかく手加減なしでやってくれ」と言い続けたが、そこは道場生と私なので、どうしても手加減してしまう。なかなか難しかったが、それでも最後はかなりしっかりとできたのではないかと思う。

会場でこれを見た人は、かなり引いていたかもしれない。でも、それでいい。普段は会長とか先生なんて呼ばれていても、そんなものはすぐにひっくり返せるんだということが伝われば十分だ。

普通の会の大将では、あまりこういう発想にはならないのではないだろうか。常に上に見られたい、常にトップとして扱われたいと思ってしまうものだ。お笑い系ならやるかもしれないが、別に私はお笑いでもなんでもない。

私は常々、人間の持つ無用なプライドに対する卑しさを感じている。逆に、**人間の根っこの部分に対する誇りを大事にしたい**と思っている。

プライドと誇り。言葉にすると、英語と日本語の違いくらいにしか感じられないかもしれないが、誇りというのはやはり根っこの部分にあるものであって、立場とか能力などで表すものではない。そういうのはプライドということになる。

プライドはいつでも捨てる覚悟を持つべきだ。その上で、**根っこの誇りを持ち続け**

ること。「町田三丁目の夕日」でそんなことが少しでも伝えられたのではないかと自負している。

指導者は潮が満ち引くように導くのがいい

人を導くことはとても難しい。「導き」という言葉は**潮の「満ち引き」に通じる**ものだ。自然の働きで、潮は満ちては引き、満ちては引きを繰り返す。そうやって自然は私たちを導いている。月の引力なのだそうだが、私たちはその力に逆らうことはできない。その力に身を任せるしかないのだ。

人を導くというのは、潮の満ち引きだ。強引に引いてばかり、無理に満ちてばかりでは導けない。指導とは満ちたり引いたりなのだ。

導く人間は、自分にとって都合のいいように人を導いてはいけない。自分の都合のいい人間を育てようとしてはいけない。**相手をどうやって少しでもよくできるかを考え、一方的ではなく、満ち引きで指導しなければならない。**

かく言う私も、雀鬼会では若い衆を指導しているし、こんな本を書いている以上、読者をどこかに導いてしまうかもしれない。でも、自分に都合のいい人間を育てようとだけはすまいと、いつも自分に言い聞かせている。もし、自分に都合のいいことばかり広めているのだとしたら、それは私自身の卑しさだ。一つ間違えると陥りかねないこの罠には、常に気をつけなければと思っている。

だから、「いいことを言っているのだから聞け」という態度はとりたくない。読者にも鵜呑みにしてほしくない。

常に潮の満ち引きを忘れない。これは、自分に言い聞かせていることである。

第5章

やわらかく生きれば、人生の答えが手に入る

勝ち負けは勝負の外にある

先日、雀鬼流道場の大阪支部「雀鬼流麻雀道場　高槻塾」へ行った。ある大会が開かれたためだ。全国の道場生だけでなく、一般の人も集まってくる大きな大会だった。だが、会場に入ったとたん、私はそこにいつもと違った寂しさを感じた。何がどう寂しいのかと問われても、口で説明するのは難しい。全体の空気が違うのだ。何かが欠けている。**その瞬間、私は「負け」を感じた。**

おそらくは、道場生たちにとっての楽しさだとか、喜びだとか、うれしさ、おもしろさといったものが足りなかったのだろう。それだけでもう、私自身、敗北感を覚えたのだ。

道場生たちが楽しかったり、うれしかったり、喜んでくれていたりしたら、私の勝ち。そういうものが足りなかったら、私の負けだ。

私は、各支部におよそ半年に一度の割合で必ず顔を出している。もっと顔を出したいのはやまやまだが、地方の道場となると頻繁に顔を出すというわけにもいかない。

行くたびに、みんなが私を迎えてくれる空気を感じる。みんなが半年間、納得したことをできているか、楽しいとかうれしいといったいい感情をたくさん持っているか、そういうものが空気として感じられるのだ。彼らと私との共鳴、共感、一体感のようなものと言えばいいだろうか。この日は、その空気が寂しかったのだ。

試合のほうも案の定、一人の人間だけが突出して、突っ走ってしまい、もう点数の上ではどうやっても逆転できない状態で試合が続くことになった。その突出した人間が、楽しみとか、喜びとか、うれしさとか、そういったものをすべてその場に持ち込んだ上でみんなを引き離しているのであれば、それはそれでいいのだが、そうではなかった。ほかが勝手に落ちていったために、彼がポンと抜け出たにすぎなかったのだ。

これではよくない。

試合そのものに味わいがない。そういう味のない試合が続いてしまった。

彼らの成長、変化を見守りに行った私だったが、そんな寂しい空気に「もう試合はとにかく早く終わらせてしまえ」と言った。無意味だと思ったからだ。

もちろん、私は試合を麻雀の点数だけで評価しない。だが、全体の空気がどうにもならないものになっていた。だから、試合そのものに意味がなくなってしまっていたのだ。

私は、試合後の集まりで場の空気を盛り上げようと考えた。私の「負け」を「勝ち」に変えるには、もうそれしかない。とにかく、みんなが楽しめるように、喜べるように盛り上げるしかなかった。

私には、道場生が何を考えているかがわかってしまう。誰がしっかりとやったかもわかるし、引け目を感じて影に隠れ、できれば何事もなく済ませてしまおうと考えているかもわかる。「今日は会長が来ているから、なるべく目立たないようにしていよう」なんていう魂胆《こんたん》の者がいればすぐにわかる。

そして、そういう人間が寂しい空気を作り出す一因だし、**そういう人間がたくさんいたからこそ、寂しい空気ができあがってしまったわけだ。**

負けても、別のところで勝てばいい

だから、そんな後ろに隠れようとしている道場生を指名して、盛り上げることにした。とにかくそういう子を、表舞台に引っ張り出す。これは指名して前に立たせればいい。

ただ、ここで私が「何かおもしろいことをしろ」とか「こんなことをやれ」と指示したのでは、彼が自分の力で何かをやったことにはならないし、根本的解決にはならない。

そこでちょっと荒療治を試みた。女性の道場生3人に「罰ゲームだ。彼の足を思いっきり蹴ってあげなさい」と頼んだのだ。女性陣は手加減なく、彼を蹴った。立て続けに3連発だ。彼のリアクションで会場は大爆笑。引っ込んでいた彼の心も前面に出てきて、会場が笑いによって一つになれたのだ。

人によっては、こんな荒療治をしたらさらに引っ込んでしまう場合もあるが、そこは一人ひとりを見極めてやる。指名した子には、この方法が一番効くと思ったからこそやったのだ。案の定、彼は素《す》の自分が出せるようになり、しっかりと場を盛り上げてくれた。

　こんな感じで、3時間ほどの間に何人も指名し続けた。指名された子はいろいろな形で自分を出し、会場を笑わせた。引っ込んでいた自分を前に出すことができた。

蹴り3連発の彼からは、あとで会のほうにメールが来た。ある出来事があったために「会長に会わせる顔がない」という気持ちで大会に臨んでいたという。それで当日も、内側に引っ込んでしまっていたのだ。彼からのメールを抜粋してみる。

「そんな自分でも、試合では輝くことができませんでしたが、会長にご指名をいただき、罰ゲームの蹴り3連発をもらって、陽の目を見ることができました。そのとき、気持ちが引っ込んでしまっていたので、ご指名いただいた瞬間、つい『おいしい』と思ってしまいました。足は痛かったけど、救われた気分になり、痛さも気持ちよさに変わりました」

別に彼はSM愛好者でも何でもない。普通の子だ。

理由はともかく、私には彼がとにかく引っ込んでしまおうとしている雰囲気がわかったので、引っ張り出した。そして、みんなの前で全体の雰囲気まで変えられるような仕掛けをした。

こうなってくると、引っ張り出されていない子も、いつ自分が引っ張り出されるかわからないから、**自然に「自分もやらなきゃ」という気持ちになる。**お客さんの気持ちでいた子も人任せではいられず、**常に自分がプレーヤーの気持ちでいる**必要が出てくる。プレーヤーとして、いつでも参加するんだ、というこの気持ちが大事なのだ。

また、引っ込んでいる者に「おまえ、たいへんだったんだな。だから、できなかったんだよな。次は頑張ってやれよ」とか「おまえ、根性が入っていない。この次は根性を入れ直してこいよ」なんて言っても無意味だ。

それに対して「はい、わかりました」なんて答えたとしても、それは私一人に対して約束をしただけだ。次に実際にしっかりやれたとしても、それは私との約束を果したにすぎない。自分が前に出たわけではないし、みんなとの共感関係を築いたわけでもない。

やるのは彼なのだから、まずは**彼が一度、舞台に上がってこないことには話にならない**。私と彼との約束ではなく、彼がみんなの前でやらなければダメなのだ。

大会後のイベントはおおいに盛り上がった。みんなが楽しいという空気を発してくれていた。もちろん、最初に私が感じた「敗北感」が覆るわけではない。だが、そうなってしまったことをいつまでも引きずっても仕方がない。**切り替えて、別のところで勝てばいい**。そう考えることで、私は「勝利」を味わいながら帰路につくことができた。

苦しい人生こそ価値があるなんて馬鹿げている

　ある学校の校長先生と話をする機会があった。女性の校長先生なのだが、話をしていて、どうも気になることがあった。目の動きやちょっとした動作が変なのだ。何がどう変かと聞かれても説明が難しいほど微妙なのだが、動きの中に何かを隠すようなしぐさが見えたのだ。

　おそらく私でなかったら気づかないような、ほんのささいなしぐさだった。だが、私にはそれが見えてしまったので、話をしていてもどうにも気になって仕方がなかった。

　そこで私は、「失礼ながら、どこかお体でも悪いのではないですか？」と聞いてみた。だが、彼女は「いいえ、そんなことはありません」と言う。

ところが、彼女はそう言うと、さらに何かを隠すような素振りを見せたのだ。そのしぐさはさりげなかったが、私にはいっそう怪しげに見えてしまった。

話を続けていくうちに、体調が悪いというよりは、メンタルな部分に問題があるように見えてきた。本来なら楽しいと思えるような話題でも、話している本人が少しも楽しそうに見えないのだ。

おそらくこの先生は、人生が楽しくないのではないか。本当は楽しみたいと思っているのに、楽しみからわざわざ遠ざかりながら生きているのではないか。私にはそんなふうに思えてきた。

そこで、こう言ってみたのだ。

「**もっと楽しく生きたらいいじゃない**。つまらなそうにしているから、病気みたいに見えちゃうんだよ。もっと楽しく生きなさいよ」

すると、先生からはこんな答えが返ってきた。

「いや、楽しく生きようとすると、周りの人から遊んでいるように見られるんです」

これは、教師という職業だからというだけではあるまい。社会全体に共通するものでもあるだろう。社会が「楽しそうにしているやつは遊んでいる、サボっているやつだ」という目で見てしまうということだ。

そんなバカな話があるものか。

遊んでいて何が悪い。楽しむことがなぜいけないのか。なぜ、遊んでいるように見られたらダメなのか。

私など、雀鬼会の道場で道場生たちと、**毎日楽しく遊んでいるようなものだ。**道場は私にとって仕事場なのだが、とにかく楽しく遊ぶようにしている。遊べない場は嫌で仕方がない。おもしろくないと退屈なのだ。

だから私は、仕事でも遊びながらでないとできない。いろいろな発想も、遊びの中から生まれてくるものだ。

幸せとは一日がずっと楽しいこと

「幸せ」なんて言葉を出すと少々大げさになるが、ここであえてこの「幸せ」について考えてみよう。これを読んでいるあなたも、「幸せとは何か」について考えてほしい。どんな答えが出てくるだろうか。本を置き、目を閉じて1分間考えてみてほしい。

「愛されることが幸せ」

「お金持ちになることが幸せ」

「人に評価されることが幸せ」

人それぞれとは思うが、「幸せとは何か」と聞かれれば、このような答えが返ってくるのではないか。あなたの答えはどうだっただろうか。

私が考える幸せは、これとはちょっと違う。むしろ、このようなことは幸せでもなんでもないと思っている。**愛とかお金とか評価なんてものを追いかけてしまうから、いつまでたっても幸せになれない**のだ。

私が考える幸せとは、**「朝起きてから夜寝るまで、ずっと楽しい」**ということだ。朝から晩までずっと楽しかったとしたら、その人は幸せではないだろうか。あなたもそう思わないか。

しかも、そうやって楽しんで生きている人はその楽しそうな様子が表面にも現れてくる。周りの人間にとって、楽しそうにしている人を見るのと、つまらなそうにしている人を見るのとでは、どちらがいいか。

楽しそうにしている人を見る、楽しそうにしている人と一緒にいるほうが、どう考えたっていいに決まっている。楽しそうにしている人を見ると、見ているほうも楽しくなってくるだろう。つまり、楽しむということは、**自分だけじゃなくて、他人も幸せにできる**というわけだ。

そう考えてみると、楽しむことがどれほど大切なことかがわかる。

世の中には楽しむことをせず、**苦労し、苦痛に耐えながら努力することに価値を置いて、「俺はこんなに苦労して成功を手にした」なんて言っている連中がいっぱいいる**。だが、私にしてみれば、そんな人は成功者でもなんでもない。もちろん、幸せ者でもない。

会社で働いている親が家に帰ってきて、「仕事がたいへんなんだよ。今日はこんな嫌なことがあってさ」などという苦労話を毎日していたら、子どもはその親を幸せだとは思えないだろう。

楽しくないことをやってお金を得たとしても、そんなことで幸せになれるはずがないではないか。人間はなぜか、自分の苦労や努力を価値にしてしまって、それを人に認めてもらおうとする。それが逆に不幸になる原因を作っていることに気がつかない。

苦しんで苦しみ抜いた結果が幸せだなんてことはあり得ないのだ。

つらいこと苦しいことを楽しいものに変える方法

毎日、苦しいと思いながら生きるより、楽しいと思いながら生きるほうがいいに決まっている。ただ、多くの人が「わかっていてもなかなかできない」と言う。

やはり、根性とか、我慢とか、努力なんてものが実は価値があると本音では思っているからだろう。でも、そんなものに価値を置いていては楽しく生きることはできない。

では、苦しみや困難から背を向けて生きるのがいいのかというと、それも少し違う。**苦しみとか困難と思えるようなことでも、楽しんでやる**ようにしようということだ。**困難を遊び心で乗り越える**とか、**困難そのものを楽しんでしまう**発想だ。

雀鬼会の若い衆から見ると、私などは苦労の「く」の字もないように見えるらしい。

毎日、楽しいことだけをやって生きていると思っているようだ。実際、マスコミの取材が来て、若い衆に「会長はどんな人ですか」と聞くと、決まって「毎日、楽しそうにしていますよ」などと答える。

もちろん、私にだって、嫌なこと、面倒なことはたくさんあるのだ。それを避けているわけではない。だが、それを苦しいとか、困難だとは思わない。むしろ、楽しんでしまおうという姿勢で臨んでいる。

これは小さい頃からの性格のようだ。怖いこととか危ないこととか困難なことを見ると、むしろ楽しそうに思えてしまい、挑んでみたくて仕方がなくなってしまうのだ。

子どもの頃、家の屋根を見ると、「あそこから板で滑り降りたら、楽しいだろうな」と思って、実際によくやってみたものだ。単純に、滑り降りられるから楽しいというのではない。危険だから、困難だから楽しそうなのだ。

安全な土手の坂道で滑ったのではおもしろくもなんともない。屋根だからこそおもしろいのだ。

それでよくケガをした。だが、そのケガが治らないうちに、屋根を見るとまたやりたくなってしまうのだ。

屋根から滑り降りることを勧めるつもりはないし、人生で突き当たる困難とはやや性質を異《こと》にするのは認めるが、困難に見えることをあえて楽しんでしまうというのは、そういう感覚なのだということはわかってもらえると思う。

どうせ避けて通れない苦しみなら、いっそ楽しんでしまったほうがよほどうまくいく。言ってみれば「苦を遊にしてしまう生き方」とでも言えようか。

平日の夜に繁華街に行ってみればわかるが、客のほとんどがサラリーマンだ。嫌な仕事にとらわれて、その嫌なことが終わったあとで一杯飲んで穴埋めしようとしている。嫌なことから解き放たれた解放感を飲むことで感じている。

そんなことで幸せになれるはずがない。仕事そのものを楽しむ気持ち、仕事に遊び心を取り入れる気持ちがあれば、終わったあとに一杯やる必要なんかない。家庭に楽しいことが待っていれば、飲んだりせずにまっすぐ家に帰るはずではないか。仕事にも家庭にも楽しみがないから、繁華街へと足が向いてしまうのだ。

苦労して、一日の半分以上、いや人生の半分以上を嫌な仕事に費《つい》やして、それでわずかなお金を得て生きている。楽しみがあったとしても、休日にほんのちょっとだけ趣味なんていうものに時間を使うだけ。あとは嫌なことを我慢しながら暮らしている。

また、意地悪なこと、ずるいことをして多少のお金を得ている人は、そのお金で豊かになったなんて勘違いしている。そんな人間が世の中には多い。その豊かさの中の悲しみは見て見ぬふりをして暮らしている。

そんなことでは自分が幸せになれないだけでなく、それを見ている子どもたちまで幸せでなくなってしまう。親が楽しくないことを毎日毎日続けているのを見ていては、子どもも楽しい人生を送ろうとは思えなくなってしまう。

つらいこと、苦しいこと、嫌なことを我慢してやるのは別に偉いことでもなんでもない。**つらい、苦しいと思っていたことを楽しいことに変える。そんな発想の転換で、**

人生はまったく違ったものになるはずだ。

弱みを全部さらけ出せば、もう怖いものはない

世間からかたい職業だと思われていたり、聖職なんて言われる職業についていたりすると、どうしてもそのイメージを前面に出そう出そうとしてしまう。あるいはそのイメージを崩すようなことをできなかったりする。先ほどの校長先生がいい例だ。だが、人間には表と裏がある。表ばかりを強調して、裏を隠そうとすると、どうしてもどこかで歪みが生じてしまう。

欧米ではカトリックの神父の児童への性的虐待が問題になっている。人を正しい道に導くのが仕事のはずなのだが、それは表向き。裏では人の道に外れる行為を平然とやっている。

これはなにも、欧米だけの話ではない。日本だって、警察官や教師の犯罪があとを絶たない。犯罪者を捕まえるのが仕事の警察官が罪を犯す。子どもに何が正しいのかを教える仕事であるはずの教師が悪いことをする。

普通なら考えられないような犯罪が増えているように思う。

私には、**表ばかりを強調しすぎた歪みが現れてきている**ように見える。「俺はすごいんだ」「私は正しいんだ」「僕は強いんだ」と見せながら生きていると、弱い裏側を無理に隠すことになってしまう。「負け犬の遠吠え」とはよく言ったもので、「俺は強い」と言っている人ほど弱いのだ。

人には誰でも強さと弱さの両面がある。**本当に強い人というのは、自分の持つ弱さを他人に見せられる**ものだ。自分に自信があるから、弱さを見せてもまったくぐらつくことがない。むしろ、**弱さを見せてしまえば、もう怖いものは何もない**。

人間関係で考えても、弱さを見せるのはとても大事なことだ。常に強さばかりを見せる人間よりも、弱さを見せてくれる人間のほうが、他人にとっては近づきやすい。

人は相手が自分に裏側の弱さを見せてくれたとわかると、その人への信頼度が上がる。

だから、**あえて自分の弱さをどんどん人に見せたほうがいい。**言わなければわからないことでも、自分からミスを発表してしまうのだ。

「いやあ、俺、今日、こんなことやっちゃってさあ」と、自分の失敗や弱みをさらけ出してしまう。

失敗や弱みはあとでばれたら気まずいが、自分で先に言ってしまうと笑い話にできるし、とても楽なのだ。

私は自分の上半身裸の背中を写真に撮って、年賀状のデザインとして使ったことがある。「逆に真あり」という言葉を添えて出した。自分の背中、すなわち自分の裏側というのは自分では見えないし、隠そうとしてもうまく隠せない。背中を全部さらけ出すことは、自分の裏側をすべて見せることに通じる。

背中だって自分の一部に違いない。それを見せることで、自分の裏側を全部見せることの象徴としたのだ。

正面を見よう、表側を見ようとすると、その表側への期待が大きければ大きいほど裏切られたときの失望感も大きい。だが、最初から裏を見せられていれば、過度な期待をしないから失望感も小さい。

「逆に真あり」

かたい職業だからといって無理して表ばかりを取《と》り繕《つくろ》う必要はない。まず、自分の裏を見せてしまえば、楽に生きていくことができる。おかしな犯罪に走る前に、変な芽を摘み取れるし、人間関係もうまくいくようになるはずだ。

捨てたからこそ、大きなことを成し遂げられる

先日、ある知り合いがやってきて、興奮気味に話し出した。『奇跡のリンゴ』とい

う本を読んで感動したという。リンゴ農家の木村秋則さんが、「絶対不可能」と言われた無農薬無肥料のリンゴ作りに取り組み、苦労の末についに成し遂げたという話だ。テレビ番組で取り上げられ、一躍、注目を浴びるようになったそうだ。

私はこの本を読んだことはなかったが、そういうすごいリンゴ農家の方がいらっしゃるという話は聞いたことがあったので、知人の話をふむふむと聞いていた。知人は最後にこう言った。

「いやあ、あきらめないってすごいことですよね。あきらめないからこそ、すごいことを成し遂げたんです。私もあきらめないで頑張りますよ」

それを聞いて私は「違うよ」と言った。

「それは違うよ。その人は**あきらめたからできた**んだよ。たぶん、その人、『もう死のう』とか、『もうやってられない』とか、あきらめたときが絶対にあるはずだよ。あきらめたから、新しいものが発見できたんだよ」

知人はきょとんとした顔をしている。

「だって、あきらめてなかったら、既存のもの、今あるものを追いかけてるでしょう。新しい発見って、古いものをあきらめたからできるんだよ」

それでも納得いかないような顔をしていた。

しかし、偉業とか、新しい何かを成し遂げる人というのは、そういうものなのだ。おそらく、農薬とか化学肥料なんか使っていたらダメだと思って、旧来の農法をあきらめたからできたのだろう。農薬や化学肥料など旧来の農法がすばらしいものであったら、やめることなくそのまま使っていたはずだ。途中で何度も失敗して、その都度、その方法をあきらめたから新たな方法が見つかったはずだし、もしかしたら「ダメだ、死にたい」と自分の人生すらあきらめたときがあったかもしれない。しかし、そんなときこそ、画期的な着想を得られるチャンスなのだ。

例えば、野球のイチロー選手だって、日本の野球をあきらめたからメジャーリーグで成功したと言える。日本の野球はすばらしいと思ってやっていたら、メジャーリーグに行こうなんて思わないはずだ。だが、彼は日本の野球をあきらめた。いまのイチロー選手があるのは、そのためだ。

かく言う私も、麻雀界をあきらめたから、雀鬼流が生まれたと言える。麻雀界がすばらしいところだったら、雀鬼流は生まれていない。

麻雀界ってどうしてこんなにダメなのだろう。麻雀ってなんでこんなに世間から嫌われているんだろう。なんでやっちゃいけないって言われるんだろう。そんなふうに思ったのだ。

最初は、麻雀界をなんとかしてよくしようと思った。でも、ダメだった。そこであきらめた。よくしようとするのをあきらめたのだ。すると、なぜか何かに後押しされるように、雀鬼流というものができあがっていった。**あきらめたことで、いろいろな新しい発見が生まれた**からだ。

それまでは、私にも自分で新しいものを生み出そうなんて発想はなかった。だが、既存の麻雀界をあきらめてみると、自分にできそうなことが次々と見えてきたのだ。

何かを作り出したことのない人は、こういう感覚を理解できないようだ。あきらめなかったから成し遂げたのではなく、**従来のものをあきらめたから成し遂げたのだ。**

雀鬼流は麻雀をやっているように見えるだろうが、既存の麻雀とはまったく異なるものをやっている。**新しいものは既存のものをあきらめることから生まれる**ものなのだ。

迷ったときはすでに敗けている

「会長は勝負事で迷ったことはないのですか?」と聞かれることがある。もちろん、私にだって迷いはある。はっきりとではないが、「たぶん、これが迷いってやつなんだろうな」と感じることはある。しかし、そのときには迷いと同時に敗北感を感じている。**迷ったら、それはすでに敗北**なのだ。

そこでの敗北はもう仕方がない。問題は、**その敗北感を長く引きずってしまうか、すばやく断ち切れるか**だ。対局中に、ふっと迷いのようなものが現れる。麻雀とは不思議なもので、そうすると迷った手ができてしまう。迷いなく打っていると、迷いのない手ができてくる。

迷うとつい弱気になるものだが、「弱気と迷いは負けの元」と言って、この二つは勝負事では払拭《ふっしょく》すべき二大要素と言っていい。自分の中で、「また、負けるんじゃないか」「また、迷うような手が来るんじゃないか」という気持ちを引きずっていると、なぜかそういう手ができてしまう。

自分では弱気になっているつもりはないのに、相手が強気でがんがん来ることもある。場の状況、状態は自分ひとりで作るものではないので、相手ががんがん来たら相対的に弱気な状態になってしまうこともある。迷う局面、弱気にならざるを得ないような局面に遭遇することは、避けられないものだ。

では、そうなったらどうすればいいのか。

私は**「どうにかやってりゃいいや」という気持ちでやり過ごす**ようにしている。自分に不都合な手が来ても「あ、来たな」「やっぱりな」と思うだけで、あとはそれにこだわらずにどうにかやっていく。

この「どうにかやっていく」というのは、「いい加減にやる」というのとは違う。**こだわらない、とらわれない、おとなしくしてやり過ごす**という感覚が近い。

すると、迷いとか弱気を起こさせるような状況は、いつの間にかなくなっている。それが、状況にとらわれてしまい「勝った、負けた」とやっていると、いつまでもそれに引きずられてしまう。

状況、状態というものは、常に変化している。悪いことがいつまでも続くわけではない。それなのに、悪い状況、迷う状況に固執しているから、勝手にもがいて自滅してしまうのだ。

これは状況がいい場合でも同じだ。いいことだっていつまでも続くわけではない。調子がいいなと思っていたら、いつの間にかそのいいものがなくなっていたという経験はないだろうか。前と状況が変わっているのに、調子がいいときと同じように強気に出ていって、大ケガをする。これもまた勝負事ではよくあるパターンだ。状況がよくても悪くても、常に真ん中にいる気持ちで臨んでいればこんなことにはならない。

繰り返すが、状況というのは常に変化している。状況が悪くてもじたばたすることはない。気がつけば、悪い局面は過ぎ去っている。**悪い状態が過ぎ去った次の局面で勝てばいいのである。**

「感動」とは、感じたらすぐに動くこと

「感動」という言葉がある。「感じて動く」と書く。考えて動くのではない。それで

は感動にはならない。**感じたらすぐに動く**ことが大切なのだ。

先日、新幹線のホームから階段を降りていたら、若いお父さんが下から乳母車を持ち上げて上《のぼ》ってきた。お母さんもどこかにいたのだろうが、とにかくお父さんが乳母車を持ち上げて、階段を上っていたのだ。

お父さんは若くて力もありそうだったので、乳母車を持ち上げること自体は特に問題ないようだった。ただ、持ち上げた乳母車の先が見づらいようで、しきりに足元の先のステップを気にしていた。

私はとっさに、その乳母車の先を持って、上に上げるのを手伝っていた。考える前に、反射的に手伝っていた。

そのお父さんは、「大丈夫ですよ」と言った。たしかに乳母車を持ち上げること自体は大丈夫だろう。だが、進む先の階段が見づらいのは明らかだ。私はその階段の先が見える。だったら手伝えばいいじゃないかということだ。そうすれば、お父さんは持つだけで済む。こう書くと理屈で考えて行動したみたいだが、そうじゃない。体が勝手にそういう反応をしたわけだ。

これを、「これが優しさ、思いやりというものだ」とか言うのはよくない。実際、優しさとか思いやりで動いたのではない。感じたから動いただけだ。

私と一緒に、道場の若い衆もいたが、彼らが手を貸す間もなく私が乳母車を持ち上げて運んでしまった。彼らに「手伝ってあげなさい」と言うこともできただろう。「それが優しさというものだよ」なんて教えることもできただろう。

だが、優しさとか思いやりで動けと教わってしまうと、いつも「損か、得か」で動くようになる。あとから考えたら優しさだったり、思いやりだったりなのかもしれないが、**動いたときはただ感じただけというのがいい**のだ。

また、「手伝ってあげなさい」では間に合わないかもしれない。私が感じたのだから、私が動く。それを見て、彼らがまた何かを感じてくれれば、次に似たような状況に遭遇したとき、動いてくれるかもしれない。

ただ、そういう状況に遭遇しても気づかない可能性もある。感じないことには動けない。感じて動くためには、まずは**感じる力を養っておかなければならない**。

先の場合で言えば、**「相手の弱み」を感じる力**だ。若くて頑強なお父さんでも、乳母車を持った先の足元は見えない。ここがこのお父さんの弱みだったわけだ。

ここでは勝負事ではなかったが、「相手の弱みを見つけよ」というのは勝負事でよく言われることだろう。問題はそのあとだ。たいてい「勝つためには相手の弱みにつけ込め」と教える。でも、これでは卑怯者の仲間入りだ。そんな卑怯なことをして局地戦に勝っても意味がない。

相手の弱みにつけ込むのではなく、**つけ足す**のがいい。相手の弱みにつけ込まずに、つけ足す。**相手を助ける**。そうすればもう、勝負なんてこと自体が無意味になる。

感じて動くためにもう一つ大事なことがある。それは、**一つのものにとらわれないで、視野を広くしておく**ことだ。

これは、目をキョロキョロさせろとか、四方八方に注意を払っておけということではない。普段からそんなことばかりしていたら、気が休まる暇もない。早晩、疲れ果てて、やらなくなってしまうだろう。

キョロキョロと注意を払うのではなく、**一点にばかり集中しないで広く全体を見ておく**という感覚だ。あちこち気にするのではなく、全体をふわっと見る。ボーっと見ていたのではダメだが、ふわっと全体を見ておくことで、視野の端のほうの出来事も見ることができる。そこで何かが起こっていることに気づけば、それに応じて動けばいい。

これは理屈じゃないので、説明を読むだけで納得するのは難しいかもしれないが、感じて動くのが「感動」だということは覚えておいてほしい。

人生はぐるぐる回りながら進んでいく

なんでもそうだが、物事というのは「準備・実行・後始末」の繰り返しだ。これは直線で進んでいくものではなく、**時計のようにぐるぐると回転して進むものだ。**時間は、昨日から今日、明日と進んでいくが、時計はぐるぐると回っている。「準備・実行・後始末」も同じようにぐるぐると回りながら進んでいく。

なんでもというのは、生活でも仕事でも遊びでもだ。

それを、準備も後始末もせずに、実行だけして失敗を繰り返す人があまりにも多い。本人は準備も後始末もしているつもりなのかもしれないが、もう実際に始まってしまっていたら、それから準備をしたって間に合わない。

麻雀にも準備がいる。では、麻雀の準備というのはいつ何をすればいいのか。そもそも、麻雀の始まりとはいつなのか。

最初にツモるときか、配牌《はいぱい》を取ってくるときか、賽《さい》をふるときか。いや、これらはすべて、すでに始まった状態だ。麻雀は、最初に席を決めるために東南西北の牌を取るのだが、この牌を取るときでさえ、もうすでに始まってしまっている。席によって、できる手がまったく違うわけだから、席決めのときにはすでに勝負が始まっていることになる。だから、準備はその前にしなくてはいけない。

道場生たちは麻雀を打つ前に、牌に触って、打つ練習をする。これが準備だ。そこで、牌の感触を確かめる。肌触りがいいとか、ちょっと重く感じるとか、そういった感触を確認する。やはり、感触がいいときのほうがうまくいくものなのだ。

手にしっくりなじまないときには、どこかの調子がおかしい。**自分というのは自分だけでは成り立たないわけで、そこには他者との関係が必ず存在する。**麻雀なら自分と牌との関係性がある。それがしっくりこなければ、自分というものもしっくりこない。

だから、**練習、準備の段階で感触に違和感を覚えたら、できる限りその違和感を消すようにする。**何度も打つ練習をして、違和感を消していく。自分と牌との一体感を高めると言ったほうが近いかもしれない。

これは始まってからでは遅い。仕事でも生活でも、始まってから違和感を訴える人が多いが、その前に手を打っておく必要があるのだ。


では、「後始末」とは何をするのか。

実行したことの片付けとか反省を思い浮かべるかもしれない。だが、それだけではない。**ここには、必ず「次への準備」がなければいけない。**先ほど書いたように、時計の針のようにぐるっと回って、次の準備と重なり合うわけだ。

後始末の段階で次への準備ができていれば、仮に「いや、今やってほしい」と言われたときでも、「わかりました。では、続けてやっておきます」と言うことができる。

何も準備ができていない状態でこう言われるのと、いつでもできる状態にあって言われるのとでは、まさに雲泥《うんでい》の差《さ》だ。

何事も、回転、循環《じゅんかん》している。私たちが丸い地球に住んでいるように、そしてその地球が回転しているように、**私たちの行動も丸くて回っているのだ。**

自分勝手な人間が勝負に勝てるはずがない

麻雀は配牌をとる前には、全員の目の前に牌の山が積まれている。賽をふり、その数によってどこから取り始めるかが決まる。その山から牌を取って手元に並べるわけだから、取り始める場所によって、目の前の山がすっかり、あるいはほとんどなくなってしまう人と、山がしばらく残り続ける人とが出てくる。

実はこの山がくせものだ。麻雀は牌を1枚とってきては、1枚捨てる（切る）というのを繰り返すのだが、切るときに前に山があるとどうしても邪魔になる。動きに違和感が出てしまう。

牌を切る動きというのは、武道のすり足と同じで、水平な動きですっと切るのがいい。肘を上げたりして切るものではない。上から叩きつけたりするなど、もってのほかだ。山がなければ、自分の前が広場になり、すっと切りやすい。山があるとどうしたって、それを乗り越える動きが生じてしまう。それが違和感になる。

このとき、自分の前の山がなくなって広場になっている人は、山が残っていて打ちにくい人のために、自分の捨て牌をちょっと除《ど》けてあげる。**打ちやすい人が打ちにくい人のために、場所を作ってあげる。**道場では、これを基本中の基本として教えている。

こういうことに比べたら、「勝った、負けた」の勝負などはゴミみたいなものだ。収集日にまとめて捨ててしまえと言いたい。

あえて勝負の話と結びつければ、譲れる気持ちがあるということは余裕の現れだし、困った人の気持ちがわかるということは、相手の様子をしっかりと見抜けているということだ。余裕のないものが勝てるわけがないし、相手を見ない者が勝てるわけがないではないか。

自分の都合だけで、自分勝手に打てばいいという考えでは絶対に勝てない。自分の牌をほんのちょっと寄せてあげれば隣の人が打ちやすくなる。そういう気持ちが勝利を導いてくる。不思議なことに、自然にいい牌がやってくる。

苦労でも何でもないような、ちょっとした気遣いで結果がまったく違ってくる。これは理屈ではない。そういうものなのだ。

それをみんな、頑張って自分が努力したら何とかなるだろうとか、力を入れたら何とかなるだろうなんて考えている。そうじゃない。そんなものはいらない。それよりも、その場で起きている状況、状態をつかんで、それにきっちり対応できればいいのだ。

自分のことだけを考えている人間は、自分のことだけで精一杯だ。余裕がない。しかし、人間とは、他者との関わり合いのなかで存在している。関係するあらゆるものと連動しているわけだ。自分だけしか見ていなければ、うまくいかないのは当然なのだ。

気遣いする余裕。決して勝負のためにすることではないのだが、**気遣いする余裕のある人間が勝負をすると、結局は勝ってしまう。**何かいいものが残るからなのだろう。いいものが残れば、自然に勝ってしまうのだ。

山の頂上を目指すより根本に戻ったほうがいい

登山をする人ならわかると思うが、**山登りは登るたいへんさと同時に、降《くだ》るたいへんさがある。**降るほうがたいへんなときも多い。だから、登りにエネルギーを集中させることはない。必ず、**降りのための余力を温存しておかなければならない**。

山の頂上に着くことがゴールだと思って、登りに全体力を投入してしまったら、山を下《お》りることができなくなってしまう。

これは勝負事でも同じだ。

調子がいいときに全エネルギーをつぎ込んでしまうと、調子が悪いときにボロボロになってしまう。調子がいいときでも余力を残しておけば、調子が悪くなってもその余力で対処し、しのぐこともできる。勝っているときこそ、「これから下がるんだな」と思っておかなければいけない。

それなのに、とにかく頂上まで行けばどうにかなると勘違いして、上へ上へと目指してしまう。そうやって行きすぎてしまっているのが今の時代なのだ。

むしろ、戻ったほうがいい。**山の麓《ふもと》、仕事なら入社時、人生なら子どもの頃の純粋な気持ちに戻るのがいい**。

戻っていったところ、**根本のところ、初志のあったところにこそ、本当の自分があ**

る。

目標を掲げて、それに向かって突き進めなんていう教えもあるが、はたしてそれでいいのか。突き進んでわかることもあれば、戻らないとわからないこともある。目標に向かって突き進んで、結局、谷底へ落っこちてもがいている。私には、現代人の多くがそんな状態に陥っているように見えるのだ。

真の「信頼」とは、言葉で伝えられるものではない

私には娘がいる。今は結婚して子どももいるので、私はおじいちゃんなわけだが、この娘がまだ独身の頃、真面目な顔で「お父さん、二つほど相談があるんだけど」と言ってきた。

「わかる?」と聞くので、私は「わかるよ」と答えた。「一つは男の子のことでしょ

う？　もう一つは、『海外に留学したい』ってことでしょう」と言うと、娘は笑って「両方、当たり」と言った。

こんなふうに、言われなくてもわかるというのが家族というものだと思う。言われてからでは遅い。

留学のほうは二度も留学しているので、「もう必要ないだろう」ということになったが、もう一つ、彼氏のほうは面倒だ。娘は「お父さんに会ってほしい」と言う。会えば面倒な話になるのは明らかだ。娘を持つ父親が誰しも通る道なのだろうが、まあ、なるべく先のほうがいい。だから、「ちょっと忙しいから会えない」を繰り返していた。

ところが、何かのパーティの帰りだったと思うが、娘から連絡が入った。

「今、二人でいるから、お父さん、来てよ」

待ち伏せのようなものだ。どうせ、あとは家に帰るだけなのだから、忙しいという言い訳は通用しない。仕方がないので会うことにした。

前から娘には「お父さんの目から見てダメだったら、私、やめる」と言われていた。「お父さんに似てるんだよ」なんて言われてもいたが、会ってみたら、「どこが似てるんだよ」という男だった。

結局、二人は結婚することになるのだが、結婚式で新婦の父親として来賓の前で挨《あい》拶《さつ》するときまで、彼の名前を覚えていなかった。何度も聞かされていたはずなのだが、私の耳を素通りしていたのだろう。話をしている途中で、彼の名前を言わなければならなくなったのだが、思い出せない。

「ええと……名前、何だっけ？」

お客さんにも、彼や彼の家族にも申し訳なかったが、娘をほかの男にとられてしまうという現実を心のどこかで拒否していたのだろう。あるいはどこかに、「娘をとりに来るなら、俺を超えてから来い」という気持ちもあった。そういう娘の父親の気持ちに免じて、許してもらおう。

話は戻るが、私ははじめて彼と会ったときに、彼が娘にふさわしい人物かどうか吟味したわけではない。私に似ていようが、似ていまいが、そんなことはまったくどうでもいい。どんな男でもＯＫを出すつもりで会ったのだ。**娘が選んだ男性なら間違いないという、絶対的な信頼があったから**だ。

娘は私を信頼して、私の目に適《かな》わなければ結婚しないと言った。私は娘を信頼して、娘が選んだのなら、どんな男であろうとも必ず結婚を許可しようと思っていた。

これが「信頼」というものではないだろうか。

「俺はおまえを信頼しているよ」なんて言葉で言うのではない。態度で示すのだ。

よく、言っていることとやっていることが違うという人がいるが、あれは言葉を先に出してしまうからだ。言葉が先で、行動がそれに伴わないからそうなる。**行動が先で、それを言葉にするのであれば、言っていることとやっていることが違うなんてことにはなりようがない**。

先ほどの専門家の話とも通じるが、言葉ばかりが先行してしまうと、「偉そうなことを言って、自分は何をしているんだ」ということになってしまう。そうなれば、信頼どころか、不信感で満ち溢れてしまう。

本当の信頼とは、行動や態度で示すものなのだ。

本当に大切なものはつかめない

多くの人は、世の中は技術と知識で成り立っていると思っている。この二つがあれば、社会で生きていけるとか、成功するためには技術と知識が必要だなどと思っているらしい。だから、学校でも、あるいは学校を出てからも、技術と知識を身につけることに躍起《やっき》になる。

でも、はっきり言えば、こんなものは別にどうってことはないものなのだ。本当はもっと大事なもの、もっとすごいものがある。それは「**感覚**」というものだ。

先ほど書いた、私が意識にとらわれずに相手を倒すという技は、技術も知識もない、感覚の世界だ。むしろ、技術も知識もないからこそできたと言える。

じゃあ、その「感覚」というやつはどうやってつかむのかと思うかもしれない。これもすでに書いた**「自然から学ぶ」**というのが一つの答えだが、おそらく、簡単につかめるようなものではないのだろう。でも、**簡単につかめないものほど大切**だったりする。

サン・テグジュペリの『星の王子さま』の中に「大切なものは、目に見えないんだ」というセリフがあるが、私流に言えば**「大切なものは、つかめないんだ」**ということになろうか。

空気がなくなったら、私たちは生きていけない。それほど大切なものだが、誰も空気をつかむことはできない。雲も、大切な雨を降らせてくれるものだが、つかむことはできない。雲があることはわかる。でも、つかめない。太陽光線なんてのもそうだ。大事だし、見えるけれど、つかめない。

感覚ってやつも、空気とか雲とか太陽光線みたいなものなのだ。そして、大切なものというのは、こういうつかめないものの中に潜んでいたりする。

みんな、成功をつかもうなんて言って、必死につかみに行く。でも、そうやってつかめるものなんて、実はたいしたものじゃない。何かをつかんだ瞬間、つかめないもっと大切なものを逃していることにも気づかない。技術とか知識とか、つかんだものを自慢げにひけらかして、得意になっている。「おいおい、もっと大切なものがあるだろう」と思うのだが、それには気づかない。

感覚というのは、人間以外の生き物はみんな持っているものだ。人間だけが、知識と技術をつかんだ代償として失ってしまったのだ。他の生物は、まだ感覚に頼っている。動物も植物も感覚で生きている。

我々人間は利口そうなふりをしているが、もしかすると、一番愚かな生き物なのかもしれない。**生きていくのに本当に大事な「感覚」が退化してしまっている**のだから。

これはもちろん、私も含めての話だ。人間はもう少し謙虚になったほうがいいかもしれない。

本当の意味で強い人になろう

昨今、ストレスを抱えて生きている人が増えている。

アメリカの金融破綻から生じた世界同時不況は、100年に一度の大不況だなどと言われている。だが、これは戦後の日本の混乱期を知らない人が言った言葉に違いない。

終戦後の日本は、不況どころか、物が何もない時代だった。とにかく食べ物も何もないのだ。

不況で会社がつぶれたとか、リストラされたと言うが、食べるものがなくて餓死したという話はあまり聞かない。仕事だって、選《よ》り好《この》みしなければないわけではない。

食べていくということだけなら、なんとかなるのだ。ファーストフード店は、1年中アルバイトを募集しているし、頻繁にパートタイマーを募集している会社は珍しくもない。

ストレスを抱えている人たちは、おそらくお金だけの問題でストレスを溜め込んでいるわけではないのだろう。お金がないというのは表面的な理由であり、ストレスが噴出する引き金にすぎないのであって、本当は世の中の閉塞感というか、社会全体への不満が溜まっているのだと思う。

不景気だとか、給料が安いだとか、クビになりそうだとか、そういうことを後づけの理由にして、社会への不満を言っているだけなのだ。学校教育、家庭環境、地域環境、会社組織のあり方、社会のシステム、政治……世の中のあらゆるものが嫌なのだ。それはわかる。それはわかるが、そうやって不平不満を言っても何も変わらない。

結局は自分の楽しいことをやるという軸に戻ること。これしかない。

強いとか弱いとか、勝ったとか負けたとか、そんなことにとらわれず、自分の中に基準を持って生きていけばいい。楽しいことをやり続けることができれば、世の中がどうだろうと、ぶれることなく生きていける。

そういう人が本当の意味で強いのだ。勝ち負けなんか超越してしまって動じない強さを持てるのだ。

世の中は変えられないかもしれないが、自分が毎日楽しいことをやるっていうのは、誰にだってできるはずなのだ。**外に向かって不平を言っている暇とエネルギーがあったら、自分の中身を、自分の考え方を変えてしまおう。**

そうすればきっと、今まで見えなかった楽しいことがたくさん見えてくるだろう。そのうち、人生が変わったことに気づくに違いない。そして、本当の意味で強くなった自分に気づくに違いない。

強く生きるとは、心から感謝の気持ちを持つこと

弱者とか強者とか、敗者とか勝者とか、どうしても白黒をつけたがる人が多い。だが、強い弱い、勝った負けた、いい悪いの基準なんて、一つに集約できるものではない。

うちの道場の全国大会は、先ほど述べた通り、麻雀の大会なのに麻雀の点数だけでは勝ち負けは決まらない。採点基準がいくつもあって、その総合点で決まるようになっている。

そもそも勝ったか負けたかなんてみんなどうでもいいと思っている。楽しいか楽しくないか。基準がそこにあるから、勝ち負けは関係ないのだ。

世の中だって、本当はそうあるべきだと思う。**自分が楽しいか、楽しくないか。**自

分が楽しければ他人が何と言おうと勝ちだし、自分が楽しくなければ、それはやめればいい。

基準は自分の中に持つ。そうすれば、他人に何を言われようが翻弄《ほんろう》されることもない。軸がぶれることもない。

さらに言えば、**自分も含めて、相手もよくなるという考え方を持つ**必要がある。「相互観」とでも言えるだろうか。麻雀で言えば、4人のハーモニーだ。自分だけよければいいという考えではなく、自分も含めて全体がよくなるということだ。

この考え方は表面上では簡単に持つことができるのだが、本当の意味で自分のものにするためには、**相手への感謝の気持ちを心から抱かなければならない**。そうでないと、本当にはそんな考え方を持つことはできない。

私は、道場生みんなにいつも感謝している。厳しいことも言うし、あえて突き放すこともする。でも、**みんな大好きだし、いつも感謝の気持ちでいっぱい**なのだ。

もし、道場をたたんで都知事になってくれとか、総理大臣になってくれとか、月収3億円で会社の社長になってくれなんて言われても、きっぱりお断りだ。そんなものよりも、道場で彼ら彼女らと一緒にいるほうが、数倍も価値がある。そのくらい感謝している。

誰某《だれそれ》には能力があって、誰にはないとか、そういうことはまったく関係ない。道場生たちのあらゆる行動、あらゆる状況に感謝しているのだ。

感謝の気持ちがあると、意地悪とか憎しみとか恨みも負の感情もコントロールできる。嫌なことがあっても、嫌なことを学べたことに感謝する。意地悪をされたら、意地悪への対処法を体験できたり、自分は意地悪しないようにしようと思えたりすることに感謝できる。

「感謝」の「謝」には「射る」という字が入っている。「的を射る」という意味だ。「感謝」の気持ちも、的外れでは意味がない。**感謝したい人に向かって、的を射るよ**うにするのが感謝なのだ。

他者への感謝の気持ちを持てる人は、本当の意味で強い人だ。みなさんも、伝えたい人に、的を射るように感謝をしてほしいと思う。

生き残るヤツの頭の働かせ方

発行日 2010年5月28日　第1版第1刷

著者　桜井章一
デザイン　阿形竜平＋平井さくら
編集協力　木村俊太　正木誠一
編集　谷口暢人
発行人　高橋克佳
発行所　株式会社アスコム
〒105-0002　東京都港区愛宕1-1-11　虎ノ門八束ビル7F
編集部　TEL：03-5425-6627
営業部　TEL：03-5425-6626　FAX：03-5425-6770
印刷　中央精版印刷株式会社

Printed in Japan ISBN978-4-7762-0604-0